法医物证学实验手册

FAYI WUZHENG XUE
SHIYAN SHOUCE

童大跃　主编

中山大學出版社
SUN YAT-SEN UNIVERSITY PRESS
·广州·

版权所有　翻印必究

图书在版编目（CIP）数据

法医物证学实验手册/童大跃主编. —广州：中山大学出版社，2014.12
ISBN 978-7-306-05111-0

Ⅰ.①法… Ⅱ.①童… Ⅲ.①物证—法医学鉴定—实验—手册 Ⅳ.①D919.2-33

中国版本图书馆 CIP 数据核字（2014）第 298492 号

出 版 人：徐　劲
策划编辑：鲁佳慧
责任编辑：鲁佳慧
封面设计：曾　斌
责任校对：江克清
责任技编：黄少伟
出版发行：中山大学出版社
电　　话：编辑部 020-84111996，84113349，84111997，84110779
　　　　　发行部 020-84111998，84111981，84111160
地　　址：广州市新港西路 135 号
邮　　编：510275　传　真：020-84036565
网　　址：http://www.zsup.com.cn　E-mail：zdcbs@mail.sysu.edu.cn
印 刷 者：虎彩印艺股份有限公司
规　　格：787mm×1092mm　1/16　9.75 印张　250 千字
版次印次：2014 年 12 月第 1 版　2014 年 12 月第 1 次印刷
定　　价：29.80 元

如发现本书因印装质量影响阅读，请与出版社发行部联系调换

作 者 简 介

童大跃，男，湖北武汉人，博士，副主任法医师，副主任技师，广东省司法鉴定人。现工作于中山大学法医物证教研室，主要从事法医物证教学和法医 DNAD 多态性研究。共发表论文 70 多篇，其中 SCI 收录论文 15 篇，主持和参与多项科研课题，主编或参编并出版专著 5 部。

前　言

随着法医物证学及其检验技术的快速发展，其实验新技术、新方法、新设备不断出现。学科的交叉和融合，使分子生物学技术及基础医学技术广泛地被法医物证学技术借鉴和采用。近几年，法医物证检验技术已发生了革命性的变化。

为了更好地适应法医物证学学科技术的快速发展，与时俱进，满足新时期法医物证学的教学需要，编者以法医物证学教学大纲为指南，针对法医学专业本科生特点，结合中山大学法医物证学实验室特点及设备情况，编写了本书，作为高校法医学专业本科生及研究生法医物证实验课教材用书，亦作为《法医物证学》配套用书。同时，也希望该书能成为法医物证工作者和广大司法鉴定人的参考用书。

本书主要介绍法医物证检验技术要求掌握、熟悉和了解的实验技术方法，以及部分最新的法医物证检验技术进展和拓展性实验。实验部分对每个实验的实验原理、试剂和配制方法、设备和材料准备、实验操作步骤、实验注意事项进行了介绍，同时对同类实验方法辅以实验方法评价及比较，每个实验后还附有实验报告书写及实验小结要求。

本书具有如下特色：①突破了传统法医物证技术的内容，新增法医物证检验实验室的基本条件，从人、机、料、法、环全方位地介绍法医物证实验室的基本条件，并对学生进入法医物证实验室提出具体要求，对于刚刚进入法医物证实验室的学生具有重要意义。②本书重点介绍法医物证学教学大纲要求的实验技术的原理、试剂配制、操作、注意事项，并对方法进行评价和比较，每篇还附有相应的思考题。③本书的章节编排按照法医物证学检验对证据链进行分析的顺序进行。对于一个检材的检验，一般从定性、定量、种属试验、预试验、确证试验的顺序进行编写。④本书中的操作及注意事项的编写均是编者结合多年检案、教学经验，对操作中易出现的问题及应注意的事项一一进行介绍，突出技术性与实用性，以期学生和其他读者能够借助或参考本书解决在实验、检案工作中遇到的技术难题。⑤本书还提供了法医物证学常用的参数，以供读者选用。⑥为了让学生和广大读者掌握更多的法医物证技术的相关知识，本书尽量避免与《法医物证学》一书中的内容重叠。

全书重在突出其实用性、可操作性，指导学生通过完成实验报告及实验小结以加深对实验的理解和掌握，使该书真正成为法医学专业学生实验的好帮手，对培养实用型法医人才具有重要意义。

童大跃
2014 年 8 月

目 录

第一章 法医物证实验室基本要素及要求 …………………………………………… (1)
  一、法医物证实验室守则 ……………………………………………………………… (1)
  二、法医物证实验室建设的要素及要求 ……………………………………………… (1)
  三、法医物证实验室设备配置要素及要求 …………………………………………… (4)
  四、法医物证实验室设备购买、使用、维护及管理要求 …………………………… (5)
  五、法医物证实验室水、电、气及温度、湿度等要求 ……………………………… (6)
  六、法医物证实验室试剂、耗材的配备与存放及试剂配制要求 …………………… (6)
  七、法医物证实验室生物安全要求 …………………………………………………… (6)
  八、法医物证实验室文献、资料和档案保存及管理要求 …………………………… (7)
  九、法医物证实验室认可和资质认证的要素及要求 ………………………………… (7)

第二章 法医物证检验检材的勘查、发现、提取、包装、保存和送检 ……………… (10)
  一、常见法医物证检验检材的种类 …………………………………………………… (10)
  二、常见法医物证检验检材的特性 …………………………………………………… (10)
  三、法医物证检材的勘查和发现 ……………………………………………………… (12)
  四、常规生物检材的提取 ……………………………………………………………… (13)
  五、法医物证检验检材的包装 ………………………………………………………… (19)
  六、法医物证检验检材的保存 ………………………………………………………… (19)
  七、法医物证检验检材的领用 ………………………………………………………… (20)
  八、法医物证检验检材的送检 ………………………………………………………… (20)
  九、法医物证检验检材的受理 ………………………………………………………… (21)

第三章 法医物证学DNA实验技术 …………………………………………………… (22)
  一、核酸分离和提纯的一般原则 ……………………………………………………… (22)
  二、微量及特殊检材DNA的提取及注意事项 ……………………………………… (23)
    实验一 血痕（液）Chelex-100提取DNA法 …………………………………… (27)
    实验二 全血酚－氯仿提取DNA法 ……………………………………………… (28)
    实验三 精斑和混合斑的DNA提取 ……………………………………………… (29)
  三、核酸定量分析及注意事项 ………………………………………………………… (31)
    实验四 紫外分光光度定量法 ……………………………………………………… (31)
    实验五 化学显色定量法（选做）………………………………………………… (31)
    实验六 琼脂糖凝胶电泳定量法 …………………………………………………… (36)
  四、法医DNA遗传标记的主要分析方法 …………………………………………… (37)

         实验七 TPOX 和 TH01 基因座 PCR 复合扩增法 ·················· (39)
         实验八 聚丙烯酰胺凝胶电泳及银染色法 ························· (40)
         实验九 RFLP 分析技术——Southern 印迹法（选做） ·············· (42)
         实验十 SNP 分析技术（选做） ····································· (43)
    五、自动化遗传分析仪及复合扩增技术 ································ (47)
         实验十一 STR 荧光复合扩增试剂盒扩增 ························ (47)
         实验十二 3500XL 遗传分析仪（示教） ·························· (48)
    六、亲子鉴定和个体识别的相关计算 ··································· (49)
         实验十三 亲子鉴定试验及亲权指数计算 ······················· (49)
         实验十四 个体识别试验及似然率计算 ·························· (50)
    七、线粒体 DNA 多态性分析技术及注意事项 ························ (51)
         实验十五 线粒体高变区扩增及测序（选做） ··················· (51)

第四章 法医物证常见斑痕及组织检材的检验 ························ (59)
    一、血痕检验 ··· (59)
         实验十六 血痕预试验 ··· (60)
         实验十七 血痕确证试验 ·· (63)
         实验十八 血痕的种属试验 ······································· (66)
         实验十九 红细胞血型试验 ······································· (68)
    二、精斑、阴道液和混合斑检验 ······································· (71)
         实验二十 精斑预试验 ·· (72)
         实验二十一 精斑确证试验 ······································ (73)
         实验二十二 阴道液及其混合斑痕检验（选做） ················ (76)
    三、唾液和烟蒂检验 ·· (77)
    四、骨骼、牙齿和指甲检验 ··· (78)
    五、毛发和皮肤等软组织检验 ·· (79)
    六、其他体液（脓液、鼻涕、痰液、尿液和粪便）检验 ··········· (80)

第五章 DNA 数据库及其法医学应用技术 ······························ (82)
    一、国外 DNA 数据库介绍 ·· (82)
    二、中国 DNA 数据库介绍 ·· (86)
    三、DNA 数据库的组成与功能 ··· (88)
    四、DNA 数据的建立 ·· (89)
    五、DNA 数据比对 ··· (94)
    六、DNA 数据库质量控制 ·· (95)
         实验二十三 数据库使用练习 ···································· (101)

第六章 法医物证学新技术和实验介绍 ·································· (102)
    一、RNA 多态性及分析技术 ·· (102)

实验二十四　RNA 提取及定量（选做） ………………………………………（104）
　　　实验二十五　TaqMan 探针实时荧光定量 PCR 技术（选做） ……………（107）
　二、激光捕获显微切割技术 ………………………………………………………（109）
　三、变性－高效液相色谱分析技术 ………………………………………………（110）
　　　实验二十六　DHPLC 使用示教 ………………………………………………（110）
　四、质谱分析技术 …………………………………………………………………（110）
　　　实验二十七　MALDI-TOF 质谱示教 …………………………………………（110）
　五、表观遗传学与法医学 …………………………………………………………（111）

附录 ……………………………………………………………………………………（114）
　附录一　法医物证学课程教学大纲 ………………………………………………（114）
　附录二　常用 STR 基因座和线粒体高变区扩增用引物序列 ……………………（131）
　附录三　法医学物证实验室质量控制 ……………………………………………（133）
　附录四　重要的法医物证学参数 …………………………………………………（134）
　附录五　实验报告（格式） ………………………………………………………（143）

参考文献 ………………………………………………………………………………（145）

第一章　法医物证实验室基本要素及要求

法医物证检验涉及与法律或司法相关的生物源性材料的鉴定和分析，事关当事各方的切身利益和要害。为保证法医物证检验结果客观和可靠，法医物证检验实验室应当有必要的实验室要求、完备的规章制度、健全的实验管理措施。本篇主要介绍法医物证实验室对人员、设备、材料、方法和环境的一般要求及实验室认证、认可要求。这也是法医专业本科生及研究生进入法医物证实验室所必须掌握和了解的知识。

一、法医物证实验室守则

（1）进入法医物证实验室人员必须经过法医物证学或相关学科的学习培训，具有较为扎实的相关学科知识，良好的工作（学习）作风，科学、客观、实事求是的工作（学习）态度，一丝不苟的工作（实验）精神。

（2）进入实验室必须穿戴好工作服，换穿实验室拖鞋，穿戴好帽子、口罩、手套等，尽量做好个人防护；确保实验室公共用品（如电话、电脑）清洁，不被有毒、有害物质污染；实验样品、实验试剂、废弃物应按照相关规定进行处置，确保实验室生物安全；保证水、电、气等的使用安全。

（3）实验室内禁止大声喧哗，不得在实验室内烹调、进食，不得在实验室内做与实验无关的事情；实验室内用品、器具、仪器设备、衣物、鞋帽应摆放整齐，保证良好的实验室秩序。

（4）确保实验设备状态正常，所用实验设备必须经过校准及验证；使用仪器设备要按照操作规程，并记录使用信息；用后进行必要的维护，如有损坏及时报告。

（5）实验结束后应及时清理实验用品，清洁实验台面；共用实验品、器具（如移液器、试剂等）用后应放回原处；离开实验室必须关好门窗、水电、空调、电脑等，养成良好的实验习惯。

（6）自觉维护实验室公共环境卫生，每次实验完成后应进行必要的清扫，每个月最好进行一次大扫除；排班值日，确保实验室环境有利于实验的进行，保证实验结果的可靠性。

二、法医物证实验室建设的要素及要求

法医物证实验室作为高校的实验场所，是培养法医专业学生动手能力、观察能力、科研能力和创新能力的重要场所。作为科研基地，法医物证实验室健康、环保的规划和建设能减少或避免实验中错误的发生，如污染事故、错误结果等；合理和实用的规划和建设能

提高实验室科研效率和水平，事半功倍，如节省时间，节约空间。作为法医鉴定室，法医物证实验室还担负着涉及与法律或司法相关生物源性材料的鉴定和分析，事关当事各方切身利益和要害。为保证法医物证检验结果客观和可靠，法医物证检验实验室必须按照实验室性质和特点，依照相关规定和要求（如中国合格评定国家认可委员会，CNAS）进行规划和建设。例如，亲子鉴定实验室要有严格防止污染的隔离间、室内装消毒用紫外灯等，PCR扩增室要安装洁净工作台和生物安全柜，产物检测室要具备恒温、恒湿条件等。

法医物证实验室（亦称为司法鉴定室，下同）建设主要包括硬件建设和软件建设。硬件主要指实验室房屋建设、环境条件控制、仪器设备购置等；软件建设主要包括实验室人员和制度建设。

（一）实验室硬件基本要求

法医物证实验室的建设，不论是新建、扩建、装修，必须考虑实验室的总体规划和布局，确保其环境条件对检测结果不会产生不良影响。无论是水、电、气的供给，或是通风、空气净化、安全措施，或是可能对实验结果产生影响的环境条件，如灰尘、电磁波、紫外线、声波、振动等干扰因素都必须考虑。优秀的实验室设计和安排、优良的实验室环境条件可以提升实验室教学、科研和社会服务水平，排除不必要的干扰以及减小误差，确保实验室分析结果的准确性和可靠性。

目前，虽然法医物证实验室的分区没有法规性规定，但考虑到工作性质和实验的要求，一般应将其分为下列区域或实验室：①检材采集、接收区（室）。主要用于生物学检材的采集、接收、包装及照片采集等。②检材存放（储存）区（室）。主要用于生物学检材的编号、登记及存放。③检材预检区（室）。主要对生物学检材进行预试验、确证试验和种属试验（不从事个体识别的实验室可不配备）。④PCR前区（核酸提取室）。主要用来进行核酸（主要是DNA）提取和纯化；对于特殊检材，如毛干、陈旧骨骼等DNA含量极低的检材，应另设专门区域进行DNA的提取及定量；对RNA的提取还要求不能有除样品RNA外的其他核酸。⑤PCR扩增区（室）。主要用来进行PCR反应体系混合液的配制、加样和扩增。⑥PCR产物检测区（室）。主要用来进行PCR扩增产物的检测及分析。上述区域间的联系、检材或产物等的传送必须是单向的，通过传递窗进行，避免人员带着这些物品从一个区域进入另一个区域。⑦试剂储存和准备区（室）。用来存放实验室常用试剂、耗材，也是试剂称量和准备的场所。

此外，有条件的实验室建议配置：①灭菌室。主要用于器械、器具和耗材的消毒。②试剂配制区（室）。主要用来进行试剂的配制和分装。③纯水、超纯水制备区（室）。为实验所需纯水、超纯水提供制备场所。

对于配备有实时荧光定量PCR技术（real time PCR, RT-PCR）的实验室，还必须注意：①必须拥有标准的荧光定量PCR实验室；②检测设备必须符合标准荧光定量PCR实验室设置要求；③必须通过国家相关机构的验收和认证；④检测人员必须取得相应培训和上岗合格证书；⑤必须在无污染环境下进行操作，这一点对RNA检测尤其重要。

为了所有工作人员的安全和健康，上述区域内不允许休息、学习和从事与实验无关的工作。

实验室硬件建设的另一重要部分是仪器设备的建设。法医物证检验技术属高科技分析技术，对仪器设备依赖程度高，必须配备一定的仪器设备。对仪器设备的管理、使用及维护应该建立行之有效的规章制度。既要保证仪器设备高效运行，又要保证检测结果准确和可靠。物证实验室必须配备必要的仪器设备，对于选配的仪器设备在条件许可的情况下应尽力配备。仪器设备必须有完备的档案资料（从购买、安装、验收到使用、维护、校准、期间核查和维修记录），有统一的标识和标记（编号、状态等）。有具体的管理和维护人员。贵重设备做到专人管理、专人使用；所有设备的使用要经授权许可，未经许可不得使用，否则损坏要赔偿。

法医物证实验室仪器设备的配备、购买、使用及管理等详见本章相关内容。

(二) 实验室软件建设要求

实验室软件条件对于实验室的地位和发展起着至关重要的作用。目前，我国从事法医物证检验（forensic physical evidence testing）的人员主要包括司法机关注册的司法鉴定人，鉴定人助理或技术人员，及公、检、法系统的法医。根据《中华人民共和国全国人民代表大会常务委员会关于司法鉴定管理问题的决定》（2005年2月28日）的规定，作为司法鉴定人的基本条件是：

(1) 具有与所申请从事的司法鉴定业务相关的高级专业技术职称。

(2) 具有与所申请从事的司法鉴定业务相关的专业执业资格或者高等院校相关专业本科以上学历，从事相关工作5年以上。

(3) 具有与所申请从事的司法鉴定业务相关工作10年以上经历，具有较强的专业技能。

在此基础上，中华人民共和国司法部以部令形式发布了《司法鉴定人登记管理办法》（2005年9月29日），对登记为司法鉴定人提出如下要求：

(1) 拥护中华人民共和国宪法，遵守法律、法规和社会公德，品行良好的公民。

(2) 具有相关的高级专业技术职称，或者具有相关的行业执业资格或高等院校相关专业本科以上学历，从事相关工作5年以上。

(3) 申请从事经验鉴定型或者技能鉴定型司法鉴定业务的，应当具备相关专业工作10年以上经历和较强的专业技能。

(4) 所申请从事的司法鉴定业务，行业有特殊规定的，应当符合行业规定。

(5) 拟执业机构已经取得或者正在申请"司法鉴定许可证"。

(6) 身体健康，能够适应司法鉴定工作需要。

司法鉴定机构具备以上条件的人员，经市级司法机关考核合格，颁发鉴定人资格证书后，可在核定的范围内从事司法鉴定活动。

此外，有些司法行政机关或鉴定机构对司法鉴定人或申请为司法鉴定人提出了一些附加条件，如：没有受过因故意犯罪或者职务过失犯罪刑事处罚的人，没有受过开除公职处分的人，没有被司法行政机关撤销司法鉴定人登记的人，所在司法鉴定机构受到停业处罚期已满的人，具有完全民事行为能力的人。

除上述对司法鉴定人的条件和要求外，司法鉴定机构还应对司法鉴定人的职业道德进行规范并提出要求。司法鉴定人员职业道德规范是指从事司法鉴定工作的人员在履行其职责的活动中应该遵循的行为规范和应该具备的道德品质，以及调整司法鉴定人员各种社会关系的道德规范的总和与核心价值的体现。司法鉴定人员只有正确理解并掌握职业道德规范，才能在司法鉴定活动中协调好各种关系，处理好各种矛盾，进而做好本职工作。目前，我国还没有国家级层面上的这种道德规范，但各级鉴定机构，特别是通过CNAS认可的机构应该具有这种规范。其人员要求参照CNAS-CL28准则（《检测和校准实验室能力认可准则在法医物证DNA检测领域的应用说明》）。

对于从事法医物证检验的司法系统鉴定人员（如公安的法医）可以参照上述条件和行业内要求执行。

（三）对从事法医物证检验的技术人员或助理的要求

法医物证检验的技术人员或助理是法医物证检验人员的重要组成部分，他们从事法医物证检验某些具体的技术工作，如PCR扩增、产物电泳等，故对他们的条件也有具体要求：

（1）具有医学、法医学、生物类相关专业本科或以上学历的人员。
（2）严谨、细致、勤奋、肯于钻研、动手能力强、喜欢实验室工作的人员。
（3）学习能力强、团队合作意识强的人员。
（4）在市级司法行政机关备案并取得司法鉴定人助理证的人员。

作为教学科研基地的法医物证实验室，其技术队伍建设要按照教育法及教育部相关规定，对实验技术人员进行配置。对于技术人员，要留住有经验（技术）和责任心的人，引进有水平的人和高素质的人，调动在岗人员的积极性和能动性。所以，实验室必须建立有效和全面的管理规章制度，管理好实验室的人和物。从制度上建立充分的激励机制：从职称晋升、奖金发放、职位安排上激励有技术、有贡献、勤奋踏实的人。要有配套的管理机制，完备的日常管理制度，全方位的监督、考核和考试制度。要有合适的岗位流动机制，因岗定人，做到人尽其才，不合适、不称职的人准许其流动、调整，直至淘汰。还要建立实验室创新开发制度、设备效益评价机制等。

三、法医物证实验室设备配置要素及要求

法医物证检验技术是高科技分析技术，对仪器设备依赖程度高。法医物证实验室必须配备一定的仪器设备，并对设备管理、使用及维护有严格的要求，这样才能保证检验结果的可靠和准确。

（一）实验室必备仪器设备

在实验室检查或验收时，通常要求一般法医物证检验实验室必备以下设备、工具：①全自动遗传分析仪及法医DNA分型相关分析软件，如310、3500XL等遗传分析仪，GeneMapper、GeneScan和GenoTyper等分析软件；②PCR扩增仪；③生物安全柜；④超净工作台；⑤高速离心机（10 000 r/min以上）；⑥低速离心机（1 000～10 000 r/min）；⑦分析天平；⑧可调移液器（0.5～10、10～100、100～1 000 μL）；⑨恒温孵育器；⑩纯水仪；⑪振荡器；⑫普通冰箱；⑬灭菌设备；⑭紫外灯；⑮DNA银染色分析设备（电泳仪、恒温脱色摇床等）；⑯低温冰箱。

（二）建议选配仪器配置

对有条件的实验室，还建议配备下列设备：①核酸、蛋白定量仪；②荧光定量 PCR 仪；③恒温混匀仪；④平板离心机；⑤生物显微镜；⑥电热干燥箱；⑦骨骼 DNA 提取工具（电钻、骨粉碎机等）。

四、法医物证实验室设备购买、使用、维护及管理要求

（一）设备购买与验收要求

法医物证实验室所需设备需按照实验室发展和工作需要进行申请并采购。对于设备的品牌、型号、规格和技术指标的选择必须经过专家论证。设备论证后，经相关负责人批准，按照程序进行招标，签署采购合同进行采购。

设备到货后，必须按照要求在供货商在场的情况下，按照清单和说明书对货品进行开箱清点、检查，保证设备外观正常，主、配件数量符合要求；开箱清点和检查合格后，组织供货商工程技术人员进行设备安装调试和试运转，并对使用人员进行培训，大型贵重设备指定专管专用；设备安装调试、试运转合格一定时间后，对各项技术指标按照合同要求进行验收，并建立设备档案，才可正式交付使用。

（二）设备状态及标识要求

设备还必须做好必要的标记和状态标识。实验室检测设备以及相关设备均应加以唯一性标记及状态标识，以标签标明。标签包含的内容应至少有设备名称、设备型号规格、设备编号（唯一性）、设备校准使用状况。检验设备和计量设备在标示时应该分别标识，以示区分。设备状态标识应该用不同颜色的标签标明仪器所处状态，如正常、可用或损坏；或校准正常、校准可用、降级使用或停用等。

（三）设备使用和维护要求

（1）设备使用人员必须经过培训或在专业人员指导下使用。

（2）贵重设备必须有操作规程，须严格按照操作规程进行；重要和贵重设备应该设置密码，以便控制一般人员开启和使用。

（3）设备使用必须有记录，记录包括使用者、使用时间和内容、仪器状况等情况。

（4）仪器必须定期和日常维护，管理和使用者负责其维护并记录在档。

（5）设备故障必须报障、申请和核批维修，维修必须由专业技术人员或公司工程师进行。

（四）设备管理要求

（1）建立实验室设备管理规章制度，规范实验室设备的管理。

（2）建立设备管理明确的分工负责制度，定人员、定职责、定要求。

（3）建立设备台账、卡片和资料档案；贵重设备有专门档案，有相关使用、维护

记录。

（4）设备要定期进行检测和校准，并做好设备校准后的期间核查。

（5）实验室设备一般不得转移、调拨、外借，如确需转移、调拨、外借和报废，要进行严格审批。

（6）设备使用要经过负责人授权；未经授权使用和不按操作规程使用设备，损坏要赔偿。

实验室对对照品、标准品或标准物质的购买、使用、保管和管理可参照实验室仪器设备要求进行相应的管理，并确保保存条件、保存时间符合要求。

五、法医物证实验室水、电、气及温度、湿度等要求

法医物证实验室对水、电、气及温度、湿度条件虽然目前还没有明文规定和要求，但严格控制温度、湿度，保证供电电源电压的稳定性，控制实验室气流和燃气压力是降低实验室测量不确定度的一个重要手段，也是提升实验室检测能力的一个重要手段。

所以，法医物证实验室的供水、供电、供气必须稳定；实验室的温度、湿度波动应控制在一定的范围内。

（1）检测标准有规定的要按检测标准规定的进行控制。

（2）没有要求的，一般按照仪器说明书等要求进行，如电源加装 UPS 稳压器。

（3）温度、湿度的控制要求可高于检测标准，但不能低于 CNAS-CL28 标准。

（4）PCR 扩增区和产物分析区应该严格注意环境的影响，如气流或风速控制，温度、湿度监控，应安装电源稳压、紫外消毒等装置。

六、法医物证实验室试剂、耗材的配备与存放及试剂配制要求

（1）法医物证实验室扩增试剂应满足《法庭科学人类荧光标记 STR 复合扩增检测试剂质量基本要求》（GA815—2009），或其他经认可或验证过的试剂盒。实验室应配备 2 套以上试剂盒，用于比对、内部质量控制和必要时增加基因座的需求。有条件的实验室可配备 Y 染色体、X 染色体等检测试剂盒。

（2）法医物证实验室使用的其他试剂和耗材必须满足 DNA 分析要求，并具有质量保证。

（3）所有试剂、耗材的供货商必须经过合格供方评审，具有合格资质的才能作为供货商。采购需按照实验室规定的要求进行申购及购买。

（4）试剂、耗材的保管和存放必须按照试剂或耗材规定的条件进行；特殊试剂，如易燃、易爆、剧毒、放射性试剂，应专人管理。

（5）试剂、耗材的入库与领用应及时登记和记录。

七、法医物证实验室生物安全要求

实验室生物安全应该严格执行中国国家标准化管理委员会《实验室生物安全通用要

技术，对仪器设备依赖程度高，必须配备一定的仪器设备。对仪器设备的管理、使用及维护应该建立行之有效的规章制度。既要保证仪器设备高效运行，又要保证检测结果准确和可靠。物证实验室必须配备必要的仪器设备，对于选配的仪器设备在条件许可的情况下应尽力配备。仪器设备必须有完备的档案资料（从购买、安装、验收到使用、维护、校准、期间核查和维修记录），有统一的标识和标记（编号、状态等）。有具体的管理和维护人员。贵重设备做到专人管理、专人使用；所有设备的使用要经授权许可，未经许可不得使用，否则损坏要赔偿。

法医物证实验室仪器设备的配备、购买、使用及管理等详见本章相关内容。

（二）实验室软件建设要求

实验室软件条件对于实验室的地位和发展起着至关重要的作用。目前，我国从事法医物证检验（forensic physical evidence testing）的人员主要包括司法机关注册的司法鉴定人，鉴定人助理或技术人员，及公、检、法系统的法医。根据《中华人民共和国全国人民代表大会常务委员会关于司法鉴定管理问题的决定》（2005年2月28日）的规定，作为司法鉴定人的基本条件是：

（1）具有与所申请从事的司法鉴定业务相关的高级专业技术职称。

（2）具有与所申请从事的司法鉴定业务相关的专业执业资格或者高等院校相关专业本科以上学历，从事相关工作5年以上。

（3）具有与所申请从事的司法鉴定业务相关工作10年以上经历，具有较强的专业技能。

在此基础上，中华人民共和国司法部以部令形式发布了《司法鉴定人登记管理办法》（2005年9月29日），对登记为司法鉴定人提出如下要求：

（1）拥护中华人民共和国宪法，遵守法律、法规和社会公德，品行良好的公民。

（2）具有相关的高级专业技术职称，或者具有相关的行业执业资格或高等院校相关专业本科以上学历，从事相关工作5年以上。

（3）申请从事经验鉴定型或者技能鉴定型司法鉴定业务的，应当具备相关专业工作10年以上经历和较强的专业技能。

（4）所申请从事的司法鉴定业务，行业有特殊规定的，应当符合行业规定。

（5）拟执业机构已经取得或者正在申请"司法鉴定许可证"。

（6）身体健康，能够适应司法鉴定工作需要。

司法鉴定机构具备以上条件的人员，经市级司法机关考核合格，颁发鉴定人资格证书后，可在核定的范围内从事司法鉴定活动。

此外，有些司法行政机关或鉴定机构对司法鉴定人或申请为司法鉴定人提出了一些附加条件，如：没有受过因故意犯罪或者职务过失犯罪刑事处罚的人，没有受过开除公职处分的人，没有被司法行政机关撤销司法鉴定人登记的人，所在司法鉴定机构受到停业处罚期已满的人，具有完全民事行为能力的人。

除上述对司法鉴定人的条件和要求外，司法鉴定机构还应对司法鉴定人的职业道德进行规范并提出要求。司法鉴定人员职业道德规范是指从事司法鉴定工作的人员在履行其职责的活动中应该遵循的行为规范和应该具备的道德品质，以及调整司法鉴定人员各种社会关系的道德规范的总和与核心价值的体现。司法鉴定人员只有正确理解并掌握职业道德规范，才能在司法鉴定活动中协调好各种关系，处理好各种矛盾，进而做好本职工作。目前，我国还没有国家级层面上的这种道德规范，但各级鉴定机构，特别是通过CNAS认可的机构应该具有这种规范。其人员要求参照CNAS-CL28准则（《检测和校准实验室能力认可准则在法医物证DNA检测领域的应用说明》）。

对于从事法医物证检验的司法系统鉴定人员（如公安的法医）可以参照上述条件和行业内要求执行。

（三）对从事法医物证检验的技术人员或助理的要求

法医物证检验的技术人员或助理是法医物证检验人员的重要组成部分，他们从事法医物证检验某些具体的技术工作，如PCR扩增、产物电泳等，故对他们的条件也有具体要求：

（1）具有医学、法医学、生物类相关专业本科或以上学历的人员。
（2）严谨、细致、勤奋、肯于钻研、动手能力强、喜欢实验室工作的人员。
（3）学习能力强、团队合作意识强的人员。
（4）在市级司法行政机关备案并取得司法鉴定人助理证的人员。

作为教学科研基地的法医物证实验室，其技术队伍建设要按照教育法及教育部相关规定，对实验技术人员进行配置。对于技术人员，要留住有经验（技术）和责任心的人，引进有水平的人和高素质的人，调动在岗人员的积极性和能动性。所以，实验室必须建立有效和全面的管理规章制度，管理好实验室的人和物。从制度上建立充分的激励机制：从职称晋升、奖金发放、职位安排上激励有技术、有贡献、勤奋踏实的人。要有配套的管理机制，完备的日常管理制度，全方位的监督、考核和考试制度。要有合适的岗位流动机制，因岗定人，做到人尽其才，不合适、不称职的人准许其流动、调整，直至淘汰。还要建立实验室创新开发制度、设备效益评价机制等。

三、法医物证实验室设备配置要素及要求

法医物证检验技术是高科技分析技术，对仪器设备依赖程度高。法医物证实验室必须配备一定的仪器设备，并对设备管理、使用及维护有严格的要求，这样才能保证检验结果的可靠和准确。

（一）实验室必备仪器设备

在实验室检查或验收时，通常要求一般法医物证检验实验室必备以下设备、工具：①全自动遗传分析仪及法医DNA分型相关分析软件，如310、3500XL等遗传分析仪，GeneMapper、GeneScan和GenoTyper等分析软件；②PCR扩增仪；③生物安全柜；④超净工作台；⑤高速离心机（10 000 r/min以上）；⑥低速离心机（1 000～10 000 r/min）；⑦分析天平；⑧可调移液器（0.5～10、10～100、100～1 000 μL）；⑨恒温孵育器；⑩纯水仪；⑪振荡器；⑫普通冰箱；⑬灭菌设备；⑭紫外灯；⑮DNA银染色分析设备（电泳仪、恒温脱色摇床等）；⑯低温冰箱。

求》（GB19489—2008）的规定。对于废弃物应严格分类，按照相应的要求进行回收处理，不能随意丢弃。生物废弃物、放射性废弃物应遵守国家相关规定，交由具有资质的专门机构进行处置。

八、法医物证实验室文献、资料和档案保存及管理要求

（一）实验室文献、资料和档案种类

（1）实验操作手册或作业指导书，主要包括：DNA提取、PCR扩增、电泳检测作业指导书，DNA结果分析与亲权关系判断作业指导书，仪器的使用、维护、保养作业指导书，试剂的配制、保存作业指导书，其他如生物安全管理作业指导书、计算机文件和数据控制作业指导书等。

（2）仪器操作说明书、商品试剂盒说明书。

（3）记录表格，包括：案件受理记录，检材采集或接收记录，司法鉴定文书发放记录，检验过程中DNA提取记录、PCR反应记录、电泳记录、检验结果图谱、数据分析，仪器运行记录、仪器维护保养记录，其他如实验室温度、湿度记录、冰箱温度记录等。

（4）司法鉴定文书，包括：司法鉴定意见书、司法鉴定检验报告书。

（5）实验室相关的电子资料，包括：软件、数据、图片和文件的电子资料等。

（6）实验室其他文件资料，包括：质量手册、程序文件、设备校准证书等。

（二）实验室文献、资料和档案的保存与管理

（1）法医物证实验室档案资料应该有固定的保存场所，并分门别类地保存，专人管理。

（2）司法鉴定文书类档案资料需永久保存，其他资料存放期可据类别而定。

（3）所有的档案资料应存放和保存在具有防止损坏、变质、丢失的适宜环境的设施中。

（4）所有档案资料应予安全保护和保密。对于易于复制和扩散的电子资料、机密案件的检验结果应考虑相应的保护政策和程序；电子设备、存储设备还应考虑防磁和防静电措施，并备份资料加密保存。

（5）档案资料的借阅、查档必须办理相应的借出和归还手续。

九、法医物证实验室认可和资质认定要素及要求

为了提高实验室的质量管理水平，减少可能出现的质量风险和实验室的责任，平衡实验室与客户之间的利益，《全国人民代表大会常务委员会关于司法鉴定管理问题的决定》要求法人或者其他组织申请从事司法鉴定业务应当具备的条件之一是：有在业务范围内进行司法鉴定所必需的依法通过实验室资质认定或者实验室认可的检测实验室。即实验室必须依法通过实验室资质认定或者实验室认可。这也是确保司法鉴定的科学性、客观性和公正性，证明其确有实力完成相关工作的必要条件。所以，法医物证实验室必须通过实验室

资质认定和认可。

（一）实验室认可（Laboratory Accreditation）

认可是按照 ISO/IEC "导则2"的定义，即"权威机构对某一机构或某个人有能力执行特定任务的正式承认"。所以，实验室认可主要是指"权威机构对实验室有能力进行规定类型的检测和（或）校准所给予的一种正式承认"。其对象是各类检测和（或）校准实验室。认可是由政府行政主管部门授权组建的权威机构（如中国实验室国家认可委员会，China National Accreditation Committee for Laboratories，CNA-CL；新的中国实验室国家认可委员会由国务院有关行政部门以及与实验室、检查机构认可的相关方联合成立的国家认可机构，China National Accreditation Board for Laboratories，CNAL）进行的。通过实验室认可能够提高校准和检测数据的可信度，使用户放心使用实验室，为校准的检测结果在国际上相互承认奠定基础。申请认可的实验室应依据《检测和校准实验室能力的通用要求》（ISO/IEC17025:2006）建立、实施和维持与其活动范围相适应的质量体系。应将其政策、制度、计划、程序和作业指导书等制定成文件，并达到确保实验室检测和（或）校准结果质量所需的程度。

中国合格评定国家认可委员会（China National Accreditation Service for Conformity Assessment，CNAS）是在原中国认证机构国家认可委员会（China National Accreditation Board for Certifiers，CNAB）和 CNAL 基础上合并重组而成的。通过 CNAS 认可的检测技术机构，证明其符合国际上通行的校准与检测实验室能力的通用要求。

根据 CNAS《检验和校准实验室能力认可准则》（CNAS-CL01:2006）的要求，CNAS 于 2010 年发布并实施《检测和校准实验室能力认可准则在法医物证 DNA 检测领域的应用说明》（以下简称《说明》，CNAS-CL28）。主要要素除组织要求外，《说明》对人员、设施和环境条件、方法、设备和测量溯源性等提出具体要求，详细内容参考相关文献和法规。

（二）实验室资质认定和计量认证/认可（China Metrology Accreditation，CMA）

实验室资质认定是根据《实验室资质认定评审准则》，对实验室主要要素包括人员、设施和环境、仪器设备和标准物质都提出具体要求。详细条文参看：《检测和校准实验室能力的通用要求》[GB/T15481:2000（GB/T27025:2008）]、《检测和校准实验室能力的通用要求》（ISO/IEC17025:2006）、《实验室和检查机构资质认定管理办法》（国家质量监督检验检疫总局第8号局长令）。

2007 年 1 月 1 日国家质量监督检验检疫总局公布的《实验室资质认定评审准则》明确规定"资质认定的形式包括计量认证和审查认可"。

政府计量行政主管部门对向社会提供公正数据的技术机构的计量检定和测试的能力、可靠性和公正性进行考核并给予证明。

计量认证是法制计量管理的重要工作内容之一。计量认证也是检测机构进入检测服务市场的强制性核准制度，即具备计量认证资质、取得计量认证法定地位的机构，才能为社会从事检测服务。国家实验室认可是与国外实验室认可制度一致的。我国目前对不同地位和能力的检测实验室采取实验室资质认定或实验室认可的模式。

综上所述，一个合格的法医物证实验室必须从人员、设备、材料和实验室环境等各要素全方位地从内部加以控制和管理，确保实验室内部质量控制能够满足要求。此外，一个合格的实验室还必须每年参加能力检验或测试、实验室间的结果比对测试，全面和系统地从外部检测实验室的能力和水平。此外，实验室还必须做好实验室内部质量控制，相关内容见本书附录三。

问题

（1）法医物证实验室的软件、硬件建设有哪些要求？法医物证实验室建设如何分区？

（2）法医物证实验室设备有哪些基本要求？开展DNA实验的实验室必须配备的设备有哪些？

（3）为什么要开展实验室认可和资质认定？

第二章 法医物证检验检材的勘查、发现、提取、包装、保存和送检

一、常见法医物证检验检材的种类

人体组织、体液、分泌物、排泄物,及残遗留在犯罪现场的物品,如血液(斑)、唾液(斑)、精液(斑)、毛发、骨骼和牙齿、阴道分泌物(斑)、尿液(斑)、汗斑、粪便、羊水、恶露、乳汁(斑)、鼻涕(斑)、痰液(斑)、人体软组织、呕吐物及其他附着有这些物品的相关物品,常见的与犯罪相关的动物类似物品和与犯罪相关的其他物品等,称为法医学物证检材。

二、常见法医物证检验检材的特性

法医物证检材种类繁多,性质各异,下面介绍一些常见检材的特性。

1. 血液(blood)

血液新鲜时为鲜红色液体,具流动性,主要含血浆和血细胞。血液具有一定的黏滞性,正常人全血黏度为生理盐水黏度的 4~5 倍,血浆黏度约为生理盐水黏度的 1.6 倍。血液离体后,在数分钟内便自行凝固。在自然环境中,离体血液会干燥形成血痕,关于血痕特点见"本书第四章 血痕检验"相关内容。血液中的血细胞,特别是白细胞中具有 HLA、DNA 等成分;血浆中具有抗原、抗体。血液或血痕受环境因素(如光线、温度、湿度和细菌等)影响,血液中蛋白质(酶)会变性,DNA 会降解,而血痕 DNA 保存时间相对长久,所以血液应低温保存,血痕应干燥保存。

2. 精液(semen)

精液是由精子和精浆组成。精子由头、颈和尾三部分构成,呈蝌蚪状。精子头部多呈扁卵圆形,中间有核,由遗传物质 DNA 与蛋白质结合组成;颈部短,为供能部分;尾最长,是精子的运动器官。精浆是浑浊而黏稠的液体,有特殊的腥味,pH 平均为 6.4(5.8~7.0),渗透压与血浆近似。精浆含有蛋白质(PSA)和酶(酸性磷酸酶)、磷脂化合物、各种无机盐类和大量水分。精液易受外界因素的影响,如温度、pH 和其他环境因素等可使精子死亡、精液变质、蛋白质或 DNA 降解。精液干燥后会形成精斑,干燥的精斑保存时间相对较久。

3. 唾液(saliva)

唾液可以湿润与溶解食物,以引起味觉并易于吞咽。唾液还可清洁和保护口腔,清除口腔中的残余食物。唾液的主要成分为:水(占 99%),有机物如酶、多糖、黏蛋白等,

无机离子,等等。唾液中的溶菌酶还有杀菌作用。唾液淀粉酶可使淀粉分解成为麦芽糖。唾液淀粉酶发挥作用的最适 pH 在中性范围内,唾液中的氯和硫氰酸盐对淀粉酶有激活作用。唾液中会含有一定的口腔脱落上皮细胞等。唾液干燥后形成唾液斑。

4. 阴道液(vaginal fluid)

阴道液由多种来源的液体混合而成,包括子宫颈液、脱落上皮细胞及阴道液本身,还有少量前庭大腺的分泌物;由子宫腔进入阴道的液体则有输卵管液、排卵时的滤泡液,可能还有腹腔中的液体。正常阴道液的 pH≤4.5,有滴虫及细菌性阴道病时阴道液 pH 上升。阴道液中一般会有一些微生物或寄生虫,如念珠菌、滴虫、乳酸杆菌等。阴道细菌特性和上皮细胞 DNA 均可作为物证鉴定标记。

5. 汗水(sweat)

汗水中 98%～99%的成分是水,其相对密度为 1.002～1.003,pH 为 4.2～7.5,NaCl 浓度约为 300 mg/100 mL,1%～2%为少量尿素、乳酸、脂肪酸等。汗液的颜色与某些个体有关,如呈黄色,多是由于血液中胆红素的浓度过高引起,主要见于肝胆疾病,如急慢性肝炎、胆囊炎、肝硬化等。此外,过多进食胡萝卜、橘子、柑橙等蔬果,也可出现暂时性的黄汗。汗液呈现红色多与内分泌功能紊乱有关,也可能是身体及某部位在出血。汗液载体上也含少量人体细胞,可以浓缩获得。汗液的颜色、气味,汗液中的脱落细胞 DNA 可以用作法医物证检材。

6. 尿液(urine)

尿液俗称小便,是从人体中排出的一种含毒素的液体,一般是黄色或无色。每 100 mL 尿中的主要成分为:水 97 g,蛋白质微量,葡萄糖 0.1 g,尿素 0.03 g,尿酸 0.004 g,无机盐 0.9 g。尿液气味为氨味,正常尿液内的挥发酸放置后由于细菌分解尿素才出现氨臭味,若尿液新排出即有氨味,常提示慢性膀胱炎或慢性尿潴留。许多疾病、药物等因素会影响尿液的颜色和气味。尿液中也含有极少量的泌尿系统脱落细胞。

7. 痰液(sputum)

正常情况下,呼吸道杯状细胞和腺体分泌少量黏液覆盖在黏膜层表面,对黏膜起保护作用,可保持气管黏膜的湿润,以便把吸入气管、支气管内的尘埃颗粒、细菌等黏附住,阻挡其进入肺组织深处。然后,再借助纤毛柱状上皮的纤毛摆动,把它们排到气管上端的喉头部位,经口腔咳出,即为痰。痰液由上皮的分泌黏液和许多成分组成。它的高液体含量是上皮对离子和水转运的结果,而它的大分子主要来源于血液的漏出或局部分泌细胞的产物。清蛋白主要来自血液,而黏液细胞分泌糖蛋白,浆液细胞分泌抗微生物蛋白(如溶酶体和铁传递蛋白)和蛋白酶抑制剂。痰液的黏稠度增加主要是由于痰中的酸性糖蛋白含量增加,这是由于糖蛋白分子依靠不同的键(如二硫键、氢键等)交叉连接在一起,形成一种凝胶网。痰液含有电解质,其中 Ca^{2+} 含量高,可以增加黏稠度。当气管、支气管和肺脏受到有害因素的刺激或致病菌感染而发生炎症时,呼吸道的黏膜充血、水肿,大量炎性细胞浸润,血管扩张,渗出增加,黏膜层的杯状细胞和黏膜下层的腺体增生肥大,黏液分泌大量增多,有利于清除异物。痰液中的细胞是作为法医物证检材的重要成分。

8. 人乳汁(latex)

人乳汁中乳白蛋白占总蛋白的 70%以上,与酪蛋白的比例为 2:1,乳白蛋白可促进糖的合成,在胃中遇酸后形成的凝块小,有益消化;人乳中含牛磺酸较牛乳多;乳糖是母乳中含量最高的糖；人乳中还含有脂肪、无机盐和微量元素。母乳中含有大量增强婴儿免疫力的物质，如各种抗体和免疫细胞。

9. 羊水（amniotic fluid）

羊水是羊膜腔中的液体。羊水中98%是水，另有少量无机盐类、有机物如激素和脱落的胎儿细胞。羊水的量一般随着怀孕周数的增加而增多。在孕20周时，羊水的平均量是500 mL；到了28周左右，会增加到700 mL；在32～36周时最多，达1 000～1 500 mL；其后又逐渐减少。羊水中还含有无机盐、蛋白质、葡萄糖、酶、脂肪和激素等。妊娠后期的羊水略有混浊，这是因为加入了胎儿的分泌物、排泄物，如尿素、尿酸、皮脂质、激素以及胎儿脱落的上皮细胞，胎儿的尿液也液化成为羊水的一部分。羊水取上清液可做生物化学测定，以监测胎儿成熟度或发现某些先天畸形，特别是神经管的缺陷，如无脑儿、脑积水等；细胞部分（羊水细胞）可进行染色体检查、DNA分型等。

三、法医物证检验检材的勘查和发现

法医物证检材的勘查和发现，要结合模拟现场过程中"法医物证的准备"，观察、认知各种法医物证及其在不同条件下的变化。结合法医物证检材的存在形式、形态、颜色、性质及案件的具体情况，进行全面、细致的勘查、寻找。勘查中应注意对树木、草丛、墙壁、墙角、地板、家具缝隙等周围环境，犯罪嫌疑人进出现场的通道，犯罪嫌疑人和被害人的身体各部位如指甲缝、头发等，及衣物、被褥等的检查。在检查中要注意运用光线等各种自然条件变化进行勘查，必要时可用多波段光源检查。

1. 血液（痕）

血液（痕）常溅着在犯罪现场各类物体的表面或其他地方，如地面、门窗、墙壁、衣物、床单、被褥、家具、电器、钱币、纸张、卫生纸巾、水池、浴室、下水道、各类致伤工具、车门窗、脚垫、各种缝隙及角落处。通常，勘查人员肉眼观察即可发现明显的血液（痕），必要时可借助化学药品（如联苯胺、四甲基联苯胺、鲁米那等）显现。肉眼不易观察发现的血痕可借助阳光、紫外发光仪等观察发现。

2. 精液（斑）

在涉及性犯罪的案件现场常常会发现精液（斑）。一般来说，精液（斑）多附着在短裤（裆部）、报纸、床单、被褥、卫生纸巾、毛巾，及被害人的腹部、外阴、大腿和阴毛上。现场勘查时还应特别留意垃圾桶、床上、床下、床边、野外草丛、泥土中的精液（斑），及上述场所中的避孕套等。在检查女性受害人或受害人尸体时，要提取外阴、阴道及其后穹窿处等层次阴道拭子，必要时可剖验宫腔和输卵管再提取可疑精液。

3. 毛发

在犯罪现场，如凶杀、盗窃、强奸、交通肇事等案件现场，常有毛发遗留。在做现场勘查时，要注意受害人的内裤、外阴部、大腿间或受害人的现场中有无异常毛发附着，注意浴室、下水道、卧室或嫌疑凶器上有无毛发附着，交通肇事现场应仔细检查嫌疑车辆的撞击部位、底盘和轮胎上有无毛发附着，凶杀现场注意受害人衣物、指甲缝、凶器上有无毛发，盗窃犯进出的门窗上有无毛发遗留等。根据气象变化，根据风向、风力，在犯罪现场一定距离的下风方向勘查有无毛发。

4. 唾液斑、汗斑及脱落细胞

唾液斑及汗斑是除血液、精液（斑）以外的非常重要的生物物证。搜查现场时应注意发现被吃水果、食物、口香糖、烟头、茶杯、痰迹、邮票等可能附着唾液的检材，重视对现场遗留物和犯罪嫌疑人可能接触的物品的检验，以期发现犯罪嫌疑人的唾液斑、汗斑及脱落细胞等物证。

5. 肌肉组织、骨骼、内脏组织等

在凶杀、碎尸案件的现场勘查中，血迹、肌肉组织、骨骼、牙齿、内脏组织及被肢解的尸体部分都是重要的生物物证。分尸工具及藏尸地点如下水道、地面缝隙、化粪池、厕所、抽水马桶、厨房、床底、地板、阁楼和天花等场所，是发现残留物证检材的重点场所。犯罪嫌疑人和被害人的身体、指甲缝、衣物、被褥等应仔细检查。应将现场网格化后反复排查。

物证检材的勘查和发现是一个需要细致、认真地去完成的过程，必须克服困难，不怕吃苦，精益求精，现场勘查应尽可能早地发现有关生物检材。

四、常规生物检材的提取

（一）法医物证检材提取原则

生物检材的提取是一项十分繁杂而艰巨的工作，有效地提取生物检材是认定犯罪嫌疑人以及整个案件侦破的关键。在提取法医物证检材前，要先进行拍照、绘图、测量和记录其原始形态，再根据下列原则进行提取。

（1）应根据物证种类、性质及附着物的不同而采取行之有效的方法。每个物证应标记清楚案件名称，检材的提取地点和时间、提取方法，检材的名称、数量、形状、颜色、提取人、保存方法、采集部位等要素。

（2）检材均应直接提取，附着在较小、轻便、易携带的物体（如衣裤、鞋袜、帽子、凶器、砖石、烟头、果核、床单、刀斧、树叶等）上的检材应将部位标明，整件提取。

（3）附着在固定、笨重、不易携带物体上的检材可用生理盐水浸润纱线后转移，纱线面积应尽可能小；或将有检材（如血、组织、斑痕等）的部件取回；也可用擦拭、剪切、刮削、吸附、浸泡、锯凿、挖取等方法提取检材；附着于不可分离的物体，如墙体、道路等的样品，可用手术刀轻轻刮取或用少量蒸馏水浸湿纱布擦取，浸染后晾干，并以相同方法提取相应无血迹部位作空白对照。

（4）附着在泥土上的血迹应将有血部位提取，附着于灰土地面或灰土墙面上的，应将有血迹部分的灰土面直接提取或刮取混有血迹的灰土（尽量避免提取血迹下或周围的灰土），并以同样方法提取无血迹部位作空白对照，刮取灰土墙上的血迹应避免提取过多泥灰。

（5）附着在人体、指甲中的血迹应尽量用纱线转移，附着在毛发上的血迹应将毛发剪下。

（6）附着于冰、雪上的血迹，应将血迹连同冰、雪一同置于干净器皿中，融化后用纱布吸收并晾干。

（7）严禁剪取尸体衣物上的血迹作为死者对照血样。未腐败尸体应取心脏血并混匀，腐败尸体应取末梢静脉血制备成血纱，血痕样本大小一般为 2 cm×2 cm 及以上。

（8）微量血迹，纱线长度以 2 cm 为宜，需反复擦拭，全部提取。

（9）性侵犯案通常在 72 h 以内提取受害人阴道拭子。对于阴道拭子，应用 2 cm × 2 cm 的干净纱布分次提取，并标明顺序。

（10）提取毛发必须保留附着物，对照样本不少于 5 根，总长度不少于 10 cm。

（11）提取的新鲜体液应尽快送检，离体的人体组织应冷冻或干燥保存。

（12）腐败尸体检材提取的次序为软骨、牙、头皮、深层肌肉组织、骨骼，同时提取血液、胆汁检材，能够制备成斑痕的应制成斑痕，所有提取检材应冷冻保存。

（13）检材提取者必须戴手套，持洁净器具，用刀、剪、镊子或竹木类工具等取材，禁止用手触摸检材。

（14）各种体液检材提取后，应用纱布做成斑痕，在阴凉通风处自然干燥，禁止加热烘干。

（15）提取的检材在包装和携带运送过程中应避免互相摩擦、冲撞及掉落，易碎检材应防止挤压和震动，易散失的检材应密封包装。

（16）凡是从各种载体上提取的检材，均应提取检材邻近的空白材料。

（17）用于司法鉴定的检材采样时，应填写采样单或委托材料受领单，写明委托方名称、采样日期、采样类型、被采样人姓名、性别、称谓等，并拍摄被采样人照片，由被采样人在采样单上签名确认（婴幼儿的姓名由其监护人代签），并留下指纹（婴儿可留脚印）。采样人应在采样单上签名。对尸体采样还需其近亲属或法定部门人员在采样单上签字。

（18）司法鉴定检材采集后，每份样品要贴上相应的标签，注明被采样人姓名、样品编号、采样日期等，保证被检样本的唯一性。

（19）对于近期有输血史、接受了外周血干细胞移植、接受放疗或化疗的被鉴定人，应避免采集其血样，而宜取毛发或口腔拭子作为检验材料。

（二）法医学物证检材的提取方法

1. 血液及血痕的提取

（1）各种纺织物品上的遗留血痕，小件的可以整件提取；如不便整件提取或血痕附着在较大件织品上的，可以将血痕剪下或取回送检并记录其所在部位，同时剪取血痕附近的空白织物一并送检。

（2）树叶、草叶、禾秆等小件载体上附着的血痕均可以整件提取送检。较大的木质类载体上的血痕，可根据载体的情况采取切削薄片部分或锯掉末端、角处等方法提取有血部位的检材。

（3）光滑水泥地面、铁木器具、漆面、玻璃、陶瓷、塑料、光洁的金属物品等质地致密的载体上的血痕检材，除附着在较小、易于提取的物品上可以整件包装送检外，均需要擦拭或刮取。擦拭方法是根据血量的多少，准备适当大小的纱布块或纱线，用蒸馏水浸润（不要留多余水分）后仔细擦拭血痕，将血痕全部转移至纱布块（线）上，阴凉处晾干。记录提取部位后包装送检，并同时在血痕附近的空白载体上用同样的方法提取空白检材一并送检。

（4）质地松软的载体如沙灰墙、泥土中的血痕的提取：应尽量将血痕全部提取，并尽可能少混入载体物质。如沙灰墙上的血痕只能刮下送检，刮下的时候应尽量将全部血痕刮下，不混或尽可能少混入沙灰，同时提取附近空白沙灰检材一并送检。泥土上的血痕应尽量挖出带血的完整土块，勿使土块破碎，包装勿挤压、冲撞。

（5）凶器上血痕的提取一般尽量整件提取：如凶器较大可按较硬载体上血痕的提取法提取血痕，记录提取部位并提取空白检材一并送检。

（6）身体上附着的血痕的提取：在皮肤表面的血痕可以用纱线转移提取；指甲缝中的血痕可将指甲小心剪下送检，同时将无血的指甲剪下做空白对照；附着在头皮上的血痕可连同头发剪下。

（7）有关人员的对照血样的提取：可从耳垂、指尖或静脉取血 0.2 mL，装入消毒试管内并加少量生理盐水，做好标签；同时取 0.2 mL 血液直接涂于干净纱布上，阴凉处晾干做好标签后送检。

（8）尸检时尸体血样的提取：未腐败尸体取心腔血，腐败尸体取末梢静脉血 3～5 mL，装入消毒试管内；同时提取血液 1～2 mL 涂在纱布上制成血斑。

（9）血型检验血液的提取：取各被鉴定人静脉血 3 mL 以上，其中 2 mL 以上加入肝素或柠檬酸钠抗凝，1 mL 血液不加抗凝剂，消毒试管分装，贴好标签，6 h 内送检。做 DNA 指纹检验取静脉血 1 mL，加柠檬酸钠抗凝或直接做成血痕。

（10）提取血痕检材的数量：作为物证的常规血痕量应有 3～5 cm^2；对于酶型或血清型的检验应尽量在 1 个月内送检，血痕量应不少于 1 cm^2。

（11）案发现场留有尚未干涸的血迹，可取少量血迹加入生理盐水中以便提取血细胞。

（12）司法鉴定用血痕样本的提取：每人挤手指尖皮肤处的血液 3～4 滴于纱布或滤纸上（折叠成 3～4 层）不同位置。分别用塑料自封袋或信封包装，并在其表面标明血液的所属人。

（13）现场新鲜液态血，可用注射器吸取，注入装有抗凝剂的具塞试管中，同时用纱布蘸取血液制成血斑；半凝固的血迹，可取少量加生理盐水装入具塞试管内，同时用纱布蘸取制成血斑；人体皮肤上附着的血痕，可用蒸馏水浸湿的纱布擦拭提取；指甲缝中或毛发上的血痕，可将指甲或毛发一同剪下，同时将无血的指甲或毛发剪下作空白对照。

2. 精液及精斑的提取

（1）衣物、被褥等各种织物及卫生纸上遗留的可疑精斑提取的方法与相同载体上血痕的提取一致。注意做好记录并提取空白检材。

（2）涉嫌性侵害的，应用棉签分别提取阴道外端、中部和后穹窿部检材，必要时还应注意会阴、下腹、口腔、肛门等部位有无精液（斑），以及现场怀疑有精斑的其他检材，如床单、被褥、卫生纸、避孕套、内裤、衣物等。所有检材应该分别提取、标明记号、自然晾干、纸袋包装后常温保存。被害人阴道内外的精液的提取一般用纱布块（也可以使用棉球）擦取。纱布块不宜太大，提取时需注意先外后内，分段提取。先擦拭外阴部的斑迹，阴道内由外向内直至后穹窿部位分 3 段用纱布吸附检材。也可以用刮板或玻片刮取流出的精液。棉球提取的阴道内精液也可涂在洁净玻片上晾干，做好标记后送检。

在医院冲洗阴道时应收集最初的洗液，装入洁净瓶内，经纱布吸干备检。

(3) 强奸现场在野外的，精液常遗留在树枝、草丛、禾秆等植物或土地上。在植物上的，取整株或有精斑遗留的枝叶或茎干送检，遗留在土地上的，按遗留在土地上血痕的提取方法提取。

(4) 遗留在较硬载体上的精斑提取法与硬载体上血痕的提取法相同。

(5) 涉嫌强奸的案件在送检精斑时，需提取被害人、嫌疑人及有关人员（如丈夫）等的唾液一并送检。提取唾液的方法是令被提取人用清水漱口后将一小块（5 cm×5 cm 即可）纱布放入口中，待纱布被唾液浸透后取出，阴凉处晾干，记录姓名，送检。

(6) 可疑口交或鸡奸案件的活体和尸体均用纱布块擦拭口腔或直肠由浅到深分段提取，阴凉处晾干，装入标准的物证袋内。

(7) 对强奸案的嫌疑人可以用湿润纱布或棉拭子擦拭阴茎或少量生理盐水冲洗阴茎，洗液收集在广口瓶内或用纱布吸附，待干燥，装入物证袋。

(8) 留有精斑的衣物已浸泡在水中，尚未用肥皂、洗衣粉清洗，亦应提取晾干送检。如已清洗干净可不必提取。

(9) 光滑水泥地面、铁木器具、漆面、玻璃、陶瓷、塑料、光洁的金属物品等质地致密的载体上的精斑，除附着在较小、易于提取的物品上可以整件包装送检，否则均需要擦拭或刮取。擦拭方法是根据精斑的大小，准备适当大小的纱布块或纱线，用蒸馏水浸润（不要留多余水分）后仔细擦拭精斑，将精液转移至纱布块（线）上，阴凉处晾干，拍照、记录提取部位后包装送检。

(10) 身体表面上附着的精斑的提取：附着在皮肤表面的精液可以用纱线转移提取；指甲缝中的精斑可将指甲小心剪下送检；附着在毛发上的精斑可连同毛发剪下送检。

3. 唾液及唾液斑的提取

(1) 新鲜唾液的提取：让提供唾液者清水漱口后目视酸性果品，待唾液自然流出收集 1～2 mL 在洁净的试管或小烧杯内，做好标记，置冰冻保存。

(2) 唾液斑提取：按上法将提取的唾液用纱布吸附后自然晾干。唾液供者清水漱口后取 5 cm×5 cm 纱布块放入口中待其浸湿后取出晾干，装入物证袋。

(3) 烟蒂唾液斑提取：发现可疑、与案件有关的烟蒂应用镊子提取，按不同提取部位分别装入物证袋，做好标记。

(4) 对可疑的用于堵嘴的手帕或衣物等均应整件提取，如有湿润部位应用彩色笔标出部位，晾干后包装。大件衣物可以剪下可疑部位并取邻近处作空白，做好标记。

(5) 对尸体或活体皮肤留有咬痕或可疑被舔吻部位，如乳头、口唇等，可用浸湿的棉拭子或纱布擦拭，同时擦拭附近部位作为空白。晾干，装入物证袋。

(6) 可疑留有犯罪分子唾液的口杯、茶具等均可用湿润棉拭子擦拭其边缘部位，同样取近处作空白。晾干，装物证袋。

(7) 含有胶液的信封口或邮票背面可疑遗留唾液斑时，对该信封和邮票整件提取，装物证袋，送检。

(8) 手帕、毛巾等均可留有使用者本人的唾液，在案件中的手帕或毛巾可以整件提取，做好标记送检。

(9) 进行亲权鉴定的样本也可以进行口腔提取：轻轻刮取口腔内两侧（内颊）皮肤

及舌下处,可轻轻旋转或刮动 10 次左右后再取出,密封冷藏或晾干备用。

注意事项:

(1) 在采集过程中不要用手触及口腔棉签的棉球部分,稍用力旋转并刷动以保证获得足够的细胞,至少需要 5 根棉签。

(2) 所有被测试人员应先用清水漱口。

(3) 提取人员要双手清洁,用新的棉签(药店出售的单头棉签)提取。

(4) 唾液采集完成后,须完全风干(否则会发霉),装入干净信封内,再套上外包装袋并封口。

(5) 此法采样非常简单,无痛、安全、卫生,1 min 即可完成。

4. 尿斑的提取

(1) 遗留在衣物、被褥等各种织物上的尿斑提取法与遗留在相同载体上血痕的提取法相同,同时也需要提取空白检材。

(2) 遗留在土地上尿斑的提取是将被尿液浸透的泥土挖出装入瓶内,做好标签并同时提取空白泥土检材一并送检。未干的泥土需在冷环境下送检。

(3) 遗留在容器中的尿液的提取是将尿液装入干净玻璃瓶中,并需在冷环境下送检。

(4) 遗留在冰雪上尿斑可将有尿液的冰冻块或雪层取出,装入干净玻璃瓶中,做好标记后在冷环境下送检。

5. 毛发的提取

(1) 毛发的提取:无论遗留在何处的毛发(身上、地上、衣物上、凶器上等),一经发现分别提取,装入纸袋同时做好记录。严禁不同部位毛发混在一起。提取时应注意细心查找,提取动作轻柔,避免将黏附在载体上的毛发拉断,也防止将毛发上的附着物擦掉。如果毛发在载体上黏附较紧,如可能,将载体一同提取。

(2) 对照毛发的提取:对照毛发最好与检材毛发取自同一部位(如同是头发或同是阴毛),对照毛发的提取量不应少于 5 根。

(3) 用于司法鉴定毛发的提取:可从头发、睫毛、腋毛等处,拔下至少 5 根毛发(毛发末端有肉眼清晰可见的毛囊)。

注意事项:

(1) 避免用手触及样本的毛囊,确认毛发末端有用肉眼可清晰看见的毛囊。

(2) 提取人员双手应清洁,戴手套,装载毛发的信封应洁净。

(3) 做好标记,如样本采集日期,样本身份如父亲、母亲和孩子的名字,样本编号等。

6. 粪便的提取

(1) 遗留在织物及小件物品上的粪便均可以整件或将部分剪下送检,提取方法与遗留在相同载体上血痕的提取方法相同。

(2) 遗留在地上的粪便,完全风干的可提取 50 g 用纸包装送检;较新鲜的未干粪便可装入干净瓶中在冷环境下送检。

(3) 在凶杀案现场提取到粪便时,对该案的被害尸体应提取粪便;或解剖时提取肠内容物,尸检时经肛门提取 30~50 g 粪便,装入干净的小烧杯内冷冻保存。

7. 软组织、硬组织的提取

（1）离体的人体小块内脏、肌肉或皮肤等均应整块提取，分别装入洁净的试管或瓶内，做好标记，冷冻存放。干燥的小块组织可装入纸袋，低温存放；大块组织可切下30 g的检材送检，其余部分冻存。同时提取附近无软组织的空白物作空白对照。

（2）黏附有灰、土、油迹等小块软组织应同时提取黏附的空白物作对照检验用。

（3）附有软组织的小骨片可连同软组织一并提取，冷冻存放。

（4）对发现较多的白化骨骼，可全部提取，装入洁净的塑料袋或木箱内，喷洒消毒防腐剂。取其中长骨和扁骨各1块送检，测定骨血型，根据案情需要分别送检不同部位骨骼；其他的骨在干燥的环境中保存。定期检查和晾晒，防止虫蛀或霉变。

（5）如有牙齿可全部提取，取犬齿检验血型。

8. 阴道分泌物的提取

（1）强奸案中的被害人活体用消毒纱布、尸体用洁净纱布块擦拭阴道，提取内容物晾干，低温保存。

（2）被害人内裤可能留有不同量的阴道分泌物斑迹，可以整件取内裤送检。

（3）被害人阴道内分泌物用棉条提取，外阴部垫用棉纱物品提取。

9. 羊水、恶露的提取

可疑留有羊水和恶露的衣裤、被褥等，其内裤可以整件提取；棉衣和被褥可以剪下10 cm×10 cm有斑迹部位，并取空白材料，标记部位，晾干送检。

注意事项：孕妇羊水样本提取必须去正规的医院，并在有丰富经验的注册妇产科医生的建议和帮助下提取，以保证孕妇和胎儿的安全。孕期多久可以抽取羊水，取决于医生对被提取者身体状况的诊断。一般取6～10 mL羊水样本。样本必须尽快送检，特别是夏季最好用冰袋冷藏的方式送检。

10. 乳汁斑的提取

对可疑有乳汁斑的衣服整件提取或剪下10 cm×10 cm斑迹部位，并剪下无斑迹对照，标记装入物证袋送检。

11. 鼻涕（斑）、痰液（斑）的提取

（1）留在卫生纸上或手帕上的鼻涕（斑）及痰液（斑）可整件提取，做好标记，纸袋包装送检。

（2）留在现场地面上的鼻涕斑迹或痰液斑迹，在湿润时可以用纱布擦拭提取；如斑迹干燥可以刮取，同时取检材邻近空白材料，标记部位，包装送检。

（3）留在衣物上的鼻涕（斑）或痰液（斑），可以剪下斑迹并带有空白，晾干后装入袋内送检。

12. 呕吐物的提取

提取现场上留下的呕吐物50 g装入洁净瓶内，冷冻存放备检。尸检时取相同量的胃内容物冷冻存放备检。

13. 汗液（斑）的提取

（1）有指纹附着物在指纹拍照后用指纹胶贴粘取汗斑。

（2）提取汗液浸渍较多而底物较干净的衣物、帽、袜等，其空白对照是取无汗液而脏污程度相同处。

(3) 人体汗液的提取是用纱布吸附汗液较多的腋下、额、颈部，使纱布湿润即可。

14. 其他检材的提取

尸体解剖时，可根据案情需要提取胆汁、心包液、胃液 5～10 mL，腮腺、胃壁组织 10 g，低温存放。新鲜尸体可用医用消毒纱布或中性滤纸提取血液（3 cm² 以上），自然晾干，纸袋包装后常温保存。新鲜尸体也可取肌肉组织（50 g 以上）；腐败尸体尽量提取相对新鲜的组织，包括指甲（2 枚以上）、肋软骨（5 cm 以上）或者其他软骨（5 g 以上）、深部肌肉组织（50 g 以上）、毛发（10 根以上）；白骨化的尸体尽可能提取指甲、长骨、牙齿、毛发。

人工流产刮宫组织，取 5 g 以上确认为绒毛的组织；引产胎儿，取 5 g 以上的组织；羊水，取 2 mL 以上的液体。提取的检材应洁净容器包装、冰冻保存、冷藏送检。

（三）物证检测提取的注意事项

（1）提取检材前，应注意做好记录，可用照相、摄像、现场绘图、笔录等多种方式综合记录。

（2）检材提取时使用的器械、包装物等注意保持清洁。

（3）注意提取对照检材。

（4）所提取的检材应分别包装，防止相互污染。

（5）检材应标明名称、数量、提取时间及提取人姓名等，并做好记录。

总之，法医物证检材的提取要规范，严格按照原则要求进行，并区别对待不同检材，具体采用不同方法提取。

五、法医物证检验检材的包装

（1）包装物必须清洁、无污染；现场提取的法医物证检材应分别包装，并注明名称，数量，提取方法、时间、地点和提取人姓名。

（2）提取附着于衣物、床单等物体上的法医物证斑痕时，应用干净的衬纸将可疑斑痕衬垫后再折叠，以防止不同部位的检材互相污染。

（3）法医物证检材的各种斑痕应干燥处理，防止变质。现场提取的斑痕检材应自然晾干后包装，切勿暴晒或高温烘烤。

（4）液体及软组织检材应冷藏保存。

六、法医物证检验检材的保存

（1）按照生物学检材保存标准所要求的条件存放检材，部分法医物证检材经消毒保存，如骨骼。

（2）法医物证的各种斑痕检材均应经干燥处理，防止霉变。

（3）大部分法医物证检材要求低温存放，置 4 ℃～-20 ℃ 存放或冷冻。血液置 4 ℃ 冰箱存放。

（4）检材提取后应有专人负责保管，物证检材应密封存放。

（5）检材应在原办案单位保存到案件审理终结后 1～2 年。

（6）检材应登记编号，由检验人（鉴定人）直接存放在固定位置。检材的保存位置、存放时间、存放人、使用人、使用时间和使用目的应同时做好记录。

（7）检材销毁要有记录，存放检材的房间应加锁，且专人负责。

（8）对保存的备用检材，除用于案件复核目的以外，未经主管负责人同意，保存人不得擅自用于其他目的的检验。

七、法医物证检验检材的领用

（1）被检样品与相关的委托受理合同、采样单由样品室保管员登记保存。被检样品应有专门的储存区域，在检测过程中应保证样品的有效性和唯一性。

（2）检验人员（鉴定人）从样品室领取被检样品和委托受理合同、采样单等材料时，应做好领用登记。

（3）检验人员（鉴定人）对于领取的样品负责，用完后必须及时将样品归还保管人员，检材遗失或损坏应由领用者负责。

八、法医物证检验检材的送检

（一）法医物证检材的送检步骤

（1）法医物证检材的各种检验应在公安机关、司法鉴定机构中进行，鉴定人员应具有法医师（含法医师）或相当职称及以上资格。

（2）送检案件检材进行鉴定应持有县以上各级公安、检察、司法、保卫部门的公函或委托书，附案情材料；再鉴定或复核检验应附有初检报告或鉴定书复印件。

（3）邮寄到各级技术部门检验的检材，除公函委托外还应有检材清单；提取的各种检材应按要求包装，并填写检材名称、部位、数量、发现地点、提取方法、提取人，送检要求，送检年、月、日，联系地址、姓名、电话等。

（4）刑事案件检材的送检人员需提供公、检、法、司，或单位保卫部门加盖公章的鉴定委托书或公函，并出示本人的工作证。民事案件的送检人员需提供委托单位或个人的委托书，并出示本人的身份证明。

（5）送检人员需填写送检登记表，详细填写送检单位、送检人姓名、送检日期、简要案情、送检检材名称及特征、有无做过鉴定、原鉴定单位及原鉴定结论、鉴定要求等。

（二）法医物证检材送检的注意事项

（1）及时送检，防止检材变质。

（2）同时送检相应的对照检材。

（3）送检时，应同时送检被害人、犯罪嫌疑人或有关人员的样品。

（4）送检时，应附委托书，标明委托单位、委托人、简要案情、送检物品清单、送检目的和要求、日期及经办人签名等。

(5) 送检时注意检材的核对、交接。

九、法医物证检验检材的受理

(1) 送检的样品应独立包装，在包装袋上注明采样日期，采样类型，被采样人姓名、性别、称谓等，并有委托人的签名。鉴定人应当审核委托人提供的样品是否完整、充分。样品不完整、不充分的，应当要求委托人补充提供，不能提供补充材料的应当拒绝受理。委托人对样品的真实性负责。

(2) 接案人员在了解案情和鉴定要求后，逐一确认检材，并对检材进行编号，有条件的照相固定，最后在送检登记表上签名，接受检材。

(3) 检验人员从接案人员手中接收检材时，应详细了解案情和鉴定要求，逐一核对检材后，在送检登记表上签名。

总之，检材送检要及时，受理要快速，检验要准确，保证法医物证检材从勘察发现、提取、送检到检验报告发放整个过程的严谨和科学，为侦破案件提供有力证据。

问题

(1) 去某案发现场提取物证检材时，应做哪些准备？到达案发现场后如何提取法医物证检材？应注意些什么问题？

(2) 为什么提取法医物证检材时要保证程序的完整性和手段的合法性？有何意义？

第三章 法医物证学DNA实验技术

一、核酸分离和提纯的一般原则

一般真核细胞基因组 DNA 有 $10^7 \sim 10^9$ bp，可以从新鲜血液、组织、培养细胞、低温保存的组织细胞、一些体液和分泌物、骨骼和牙齿等中提取。常采用于乙二胺四乙酸（EDTA）及十二烷基磺酸钠（SDS）等试剂存在的条件下，用蛋白酶 K 消化细胞，随后用酚－氯仿等方法抽提其核酸。所获得的核酸可以用于多种目的的实验研究和法医学应用。

根据材料种类、来源不同，对检材进行预处理，然后进行 DNA 的提取。基本方法大致有酚－氯仿抽提法、Chelex-100 法、碱裂解法、盐析法、煮沸法、DNA 提取试剂盒等。

所有方法都应遵循核酸分离、提取的原则。①保持低温（0～4 ℃）环境；②防止过酸、过碱，避免剧烈搅拌；③防止核酸酶的作用，可用酶抑制剂。抑制 DNase（DNA 酶）活性可通过加柠檬酸钠、EDTA 等金属螯合剂，或加去污剂 SDS，或加蛋白变性剂等方法实现。抑制 RNase 活性的方法有：①实验器皿高温、高压灭菌，不能高压灭菌的用 0.1% 二乙基焦碳酸盐（DEPC）水溶液处理；②加入强的蛋白变性剂如硫氰酸胍、异硫氰酸胍等；③加核糖核酸酶阻抑蛋白（RNasin）等 RNase（RNA 酶）的抑制剂。

真核生物 DNA 与核蛋白的复合物（DNP）溶于水和浓盐溶液，但不溶于 0.14 mol/L 的盐溶液，用苯酚或氯仿使蛋白质变性，DNA 溶于上清液。在 SDS 存在下用蛋白酶消化细胞，再用苯酚和氯仿除去蛋白酶，用 RNase 除去 RNA，操作在低温下进行，防止过酸、过碱，或机械振荡，可得到高质量的 DNA。原核生物的 DNA 是裸露的，与蛋白质结合不多，分离纯化要简单些。DNA 提取步骤如下：

生物材料 $\xrightarrow{\text{破细胞}}$ DNP $\xrightarrow{1.0 \text{ mol/L NaCl}}$ DNP $\xrightarrow{\text{去蛋白质}}$ $\xrightarrow{\text{酒精沉淀}}$ 纤维状 DNA $\xrightarrow[\text{去多糖}]{\text{去 RNA}}$ 较纯 DNA $\xrightarrow[\text{密度梯度离心}]{\text{柱层析，电泳}}$ 纯 DNA

由于 RNA 易被广泛存在的 RNase 水解，用于 RNA 分离提纯的器皿与溶液都要经过处理，除去 RNase。在破碎细胞的同时应使 RNase 失活，在实验反应体系中要加 RNase 的抑制剂。目前常用的分离方法为胍盐－氯化铯密度梯度离心（RNA 密度 >1.89，DNA 密度为 1.71，蛋白质密度 <1.33）。另一种方法为酸性胍盐/酚/氯仿法。溶液中的核酸分子在引力场中可以下沉。

RNA 提取步骤与 DNA 提取大致相同。不同构象的核酸（线形、开环、超螺旋结构）、蛋白质及其他杂质在超离心机的强大引力场中，沉降的速率有很大差异，所以可以用超离心法纯化核酸，或将不同构象的核酸进行分离，也可以测定核酸的沉降常数与分子量。应用啡啶溴红-氯化铯密度梯度平衡超速离心，很容易将不同构象的 DNA、RNA 及蛋白质分开。这个方法是目前实验室中纯化质粒 DNA 最常用的方法。如果应用垂直转头，当转速为 65 000 r/min，只要 6 h 即可以完成分离工作；如果采用角转头，转速为 45 000 r/min 时，则需 36 h。离心完毕后，离心管中各种成分的分布可以在紫外光照射下显示得一清二楚。蛋白质漂浮在最上面，RNA 沉淀在底部，超螺旋 DNA 沉降较快，开环及线形 DNA 沉降较慢。用注射针头从离心管侧面在超螺旋 DNA 区带部位刺入，收集这一区带的 DNA。用异戊醇抽提收集到的 DNA 以除去染料，然后经透析法除氯化铯，再用苯酚抽提 1～2 次，即可用乙醇将 DNA 沉淀出来。这样得到的 DNA 有很高的纯度，可供 DNA 重组、测定序列及绘制限制酶图谱等。在少数情况下需要特别纯的 DNA 时，可以将此 DNA 样品再进行一次氯化铯密度梯度超速离心分离。

二、微量及特殊检材 DNA 的提取及注意事项

在法医学检案中经常会遇到一些特殊生物检材，主要包括痕量检材、陈旧腐败检材及混合检材。

（1）法医现场检材有许多是非常微量的，有些只含有很少的细胞。受制于方法检测的灵敏度，这些检材的发现、DNA 提取和检验等工作是法医工作面临的挑战。如犯罪分子触摸过的物体，其上只有少量的个体表皮脱落细胞和其他一些有核细胞。如果对于这些痕量生物学物证能够很好地发现、提取其 DNA 并分型，无疑将会大大提高刑事案件的侦破率。

（2）严重降解的生物检材。由于时间、温度、湿度、光、污染等众多环境因素的影响，生物检材中的 DNA 降解严重，含量很少，检验中表现为等位基因缺失或完全丢失，经常无法进行有效的 DNA 检验。

（3）混合样本的分型。举例来说，轮奸案中的混合精斑和凶杀案中的混合血斑，检案中经常遇到。通过常规短串联重复序列分析（Shot tandem repeat，STR）方法只能得到两人或多人 DNA 样本的混合图谱，无法从混合样本中分别获得个人 DNA 样本的图谱。虽然通过计算峰面积有可能推断出各个供者的图谱，但是其过程很复杂，结果难免不准确。当遇到三个或三个以上的供者时，通过计算峰面积来确定每个个体基因型几乎不可能，不能给出直接认定的结论。有些法医遗传学权威建议遇到混合样本只给出不排除的结论，这样大大降低了现场检材的应用价值，无法认定罪犯。

随着 DNA 检验技术进一步提高，生物物证检验范围不断扩大，以前普遍认为不适合或无法进行 DNA 检验的检材，如绳索、手机 SIM 卡、炸弹残片等，在有些已开展了微量 DNA 检验的实验室能成功地检出有比对价值的 STR 分型，并在案件侦破中发挥了重要作用。特别是近年来，全基因组扩增（whole genome amplification，WGA）、短片段扩增（Mini-STR）、单细胞和 1 μL 体系扩增等新技术的出现，使得含量少于 100 pg，甚至只含有单个细胞的微量生物检材的检验成功率大为提高。目前，制约 DNA 检验成功率的瓶颈集中在疑难生物检材的有效发现、正确提取、污染控制和结果分析等环节上。

微量检材DNA的检验是法医DNA检验的难点之一。法医DNA鉴定中常见的微量检材，主要是指人体皮肤黏膜的代谢脱落细胞。常见的微量检材包括含口腔脱落细胞的检材、含体表脱落细胞的检材、人体排泄物或分泌物等（表3-1）。皮肤是人体最大的器官，每天脱落的细胞就达400 000个，是一个巨大、潜在的生物物证来源。凡是人的皮肤、黏膜接触过的物品，都可能会留下接触者的脱落细胞。这些物证可以存在于犯罪现场，也可存在于犯罪嫌疑人及被害对象的衣物、用具等客体上。对于各种潜在的微量生物物证，一旦成功地获得了关键物证的DNA分型，往往能够成为案件侦破的关键线索和案件定性及法庭审判的直接证据。

表3-1 常见微量检材的类型及形式

微量检材的类型	检材常见形式
口腔脱落细胞（唾液斑）	烟蒂、水杯、饮料罐、果核、牙刷、口香糖、吸管、咬痕、吻痕、牙签等与口唇接触的物品
上皮细胞（皮肤接触部位）	面罩、手套、袜子、刀柄、指纹、刮胡刀、手表、耳机、眼镜架、鞋子、衣服等与皮肤接触的用品
排泄物	尿液尿斑、痰迹、鼻涕、粪便、擦粪便的手纸等
其他	细胞涂片、石蜡切片、穿刺物、羊水、孕妇外周血异体细胞和移植异体细胞等

除严格按生物检材提取检验要求外，对痕量检材DNA提取还需要特别注意以下两方面：

1. 防止检材污染

微量检材更易发生污染，由于量微，多数情况难以作复核检验，所以防止污染更加重要。微量检材的污染可发生在多个环节：

（1）案前污染与案件无关的检材。如流浪者等特殊人群衣物上可检出多个与本人无关，也难以追溯来源的DNA分型，有时甚至为痕量血迹。公共场所多人可接触物如电梯、方向盘、车拉手、门把手等，提取接触部位的擦拭子可由多人接触，发生生物检材叠加，表现为混合基因分型。又如卖淫女被杀案件，可留下之前与其发生性关系的个体的成分，除精液外，甚至可在乳房擦拭物等中发现与嫌疑人无关的成分。

（2）发现者、施救者污染的成分。亲友、群众等发现被害人后，搬动、呼叫、打捞等动作，医护人员、群众施救等都有可能留下微量检材。

（3）现场保护者、围观人群违规观看、翻动，甚至丢弃烟头、饮料吸管等引起污染。

（4）提取用载体的污染，制作载体无关人员的成分留在载体上造成污染。如使用普通棉签（球、线、纸片、布片等）、未经专门消毒处理的器具（刀片、镊子、剪刀等）。

（5）检材附着物可能被案件无关人员的成分污染。如穿过的衣服、被褥、地毯等物品的某些部位可能存在某一个体成分。如有被害人或嫌疑人的血液恰好喷溅到该部位，就表现为混合组分。又如在卖淫场所的床单上有时会遇到多人混合精斑。

（6）提取方法不当，可导致人为污染。如不按要求穿戴；用同一个棉签擦拭不同血滴或血迹；提取不同的尸体、不同部位检材不换手套、刀片、镊子等导致不同个体检材混合；赤手接触者可能会把前一次接触者的细胞蹭掉，而留下第二次接触者的细胞；微量DNA分型图谱为以后接触者为主的混合图谱，甚至仅为后者图谱。

（7）提取检材时混装导致污染。如将现场烟灰缸内多枚烟蒂混装，性犯罪场所多团卫生纸、多个避孕套混合收集，剪取死者的多个指甲内容物混合，排查嫌疑人提取的多个样本（牙刷、衣被、毛发、餐饮用具等）混装在一个物证袋中。

（8）搬运尸体过程中，尸体叠放、包尸体物与尸体互相摩擦可导致污染。如接触部位的脱落细胞松散地黏附在物体表面，震动还可导致微量检材脱落。

（9）送检过程中挤压导致检材包装破裂，送检人交接时不做防护也可导致微量检材被污染。

（10）检验过程中，不按要求做防护，取常量检材与微量检材器具混用等也易导致检材被污染。

上述可能存在的潜在污染因素大部分是可以预防或避免的。具体提取要求如下：

（1）现场提取物证环节。

1）要严格遵守现场勘验规则，严禁在现场吸烟、喝水、吃食物及随意丢弃废物。禁止赤手触摸检材。提取过程中应穿防护衣、戴无菌口罩，头套必须包裹住头发，手套必须长过袖口，提取检材的过程中应根据检材情况勤换手套，必要时提取1份检材更换1次手套。

2）必须使用无菌试剂和转移用载体，为防止检材之间相互污染，必须使用一次性器械（非一次性器械用后需清洗消毒）提取检材，每个检材应分别标号，拍照固定，独立包装。

3）怀疑物品上有不同个体成分时，应分区域提取。对勒受害人颈部的绳索，在检验嫌疑人成分时，应将两端推测为嫌疑人用力的部位，剪下单独送检，而将推测为受害人接触的部位另外送检。对怀疑为致死物、致伤物，除需提取死者成分外，还应考虑同时提取嫌疑人的成分。如刀具，既需要提取刀刃上受害人的成分，也需要提取刀柄上嫌疑人的脱落细胞，要分别用合适的载体转移。对现场遗留的手套、避孕套内外面应分别提取。

4）从尸体表面提取检材时，最好在翻动前就分析、制订方案。如对于仰面裸女尸，尤其是高度腐败后，在翻动前就应通过体表观察初步判断死因，提取阴道拭子，观察分析胸、会阴、大腿内侧等部位有无掐、抓、舔、吻、咬痕，指甲有无可能抓嫌疑人。从被害人指甲内提取嫌疑人的成分时，先擦净指甲外面后再剪取，注意不要紧贴根部剪取，以防人为地将被害人的成分混入检材。

（2）包装送检环节。

1）每个检材进行独立包装，禁止多件物证混合包装，禁止重复使用封装材料袋。

2）为防止同一检材的不同部位之间相互沾染，有时需对不同部位分别包装封扎，如刀身和刀柄、锤头和锤柄等。

3）防止细胞从载体脱落。在提取、运送检材的过程中，尽量减少抖动、震动，尽量保证微量检材的所在部位不与包装物擦、蹭，以防止黏附在检材表面的细胞脱落。

2. 富集微量检材

提取微量检材，要按照观察分析、拍照固定、及时提取的步骤进行。

第一步，观察分析。就是提取前对可能存在微量检材客体先观察，分析如何提取效果最好。载体质地、性质不同，提取方法等不同，实践中要针对各种载体按照分段、分层、内外有别的原则，设计不同的提取方法，在此基础上，还要分析细胞最可能存在于客体的什么部位，对重点部位采取吸附、黏附、擦拭、剪取等方法进行富集。尤其是嫌疑人可能接触、但肉眼看不到明显痕迹的客体，要善于发挥想象力分析嫌疑人留下生物检材的类型及着力方式、着力部位、着力点。如果分析正确，就能做到既可防止污染，又可有效富集肉眼不能观察到的接触物上的检材，如脱落细胞等。

　　第二步，提取前一定要拍照固定。照相甚至录像固定提取过程十分重要。留下痕量检材的客体位置，擦拭客体的具体部位都涉及物证的证据力。如在室内盗窃中心现场，门外、楼外发现提取的撬门工具上检出某个体DNA成分，证据力显然不同。如没有拍照固定，一旦发生质疑，该检验结果的价值就很难断定。

　　第三步，及时提取。一旦发现或分析到可能对揭示案件、事件性质或案件、事件发生过程有作用的微量检材，必须立即提取，即在客体移位前就应提取其表面微量检材或整体提取客体。根据载体质地、检材的不同情况。在分析细胞最可能存在客体什么部位的基础上，对重点部位采取擦拭、吸附、黏附、剪取等方法进行富集。

　　擦拭法适合非渗透性客体，尤其是表面光滑的非渗透性客体。采取擦拭时，擦拭物的体积不宜过大。擦拭物可直接放入离心管，尽快提取DNA模板。

　　黏附法适合面积较大的非渗透性客体。市场上销售的生物检材黏附柱对平面客体效果较好。而对于经常接触体表的衣物、饰物等客体的重点部位，如衣领、袖口、眼镜的鼻托、梳齿间等用胶带粘取法效果较好；受害人衣物怀疑被嫌疑人接触过的重点部位也可用胶带粘取法。黏附部位和面积应根据具体情况操作。

　　吸附法适合可能附有人体细胞的物品，包括棉衣、棉被、毛巾、衣帽、手套等比较干净、没有沾染血迹的物品。吸附的部位和面积应根据具体情况选择。

　　疑有血迹、精液、唾液等斑迹的衣物类、纸类客体，应用直接剪取法提取，没有血迹的空白部位可用黏附或吸附法。

　　下面对一些具体检材作进一步说明：

　　（1）避孕套内外面须分别提取。通常先提取套内液体，再擦拭套外成分。套外成分可检出自女性阴道或嫌疑人口腔脱落细胞，证据力显然比单独检出套内精液成分要大得多。

　　（2）致死物、致伤物必须分析嫌疑人及被害人接触部位，分别提取。如刀身、刀柄部位、锤头、锤把着力部位均须分别擦拭。

　　（3）疑有脱落细胞的瓶口、杯口用纯水湿润的棉纱线3～8 cm缠绕在经高压灭菌的无齿镊子尖部，擦拭提取。纱线放入Eppendorf管（EP管）离心富集。还可从距瓶口、杯缘2～3 cm处将瓶口、杯缘剪下送检。

　　（4）粗的麻绳可真空吸取绳结及绳头部位，较细的线绳、塑料绳、尼龙绳可剪取绳结和绳头。

　　（5）擦拭体表的吻痕、咬痕时，擦拭力度要轻，范围要小，必要时分部位提取。如乳头与乳房其他部位疑被嫌疑人舔、吻过，可分别擦拭。

　　（6）阴部疑被嫌疑人舔、吻过，一是剪取重点部位的阴毛，放入EP管，加入纯水振荡，采用离心法将液体中的细胞富集；二是对其他部位用擦拭法提取。

(7) 手提箱、手袋的提手部位，用两步擦拭转移法提取或直接剪取。

(8) 投毒、爆炸案件相关客体上的胶带。多数情况下，内层胶带黏面上留有罪犯的手印或脱落细胞；而外层和光面上则附着了其他与案件有关人员如受害人、报案人或生产流通环节中与案件无关人员的手印或脱落细胞。内、外层应分别提取，光面用两步擦拭转移法提取后，可直接剪取。

(9) 粪便表面可用消毒棉签轻轻擦拭，悬空晾干后置纸袋送检。

(10) 纸张：在手印显现之前，可用真空吸附法对整个纸张大面积吸取；显现手印之后，可直接剪取有指印的部位。

实验一　血痕（液）Chelex-100 提取 DNA 法

【原理】Chelex-100 是一种化学螯合树脂，由苯乙烯和二乙烯苯聚合而成，含有成对的亚氨基二乙酸盐离子，能螯合多价金属离子，尤其是选择性螯合二价离子，比普通离子交换剂具有更高的金属离子选择性和较强的结合力，它能结合许多可能影响 DNA 分析的其他外源物质。通过离心，Chelex-100 结合的物质与 DNA 分离，防止抑制剂和杂质带到 PCR 反应中，并通过结合金属离子，在煮沸加热时防止 DNA 降解，同时在高温低离子强度下还有催化 DNA 释放的作用。

【试剂】

(1) 5% Chelex-100 溶液：取 5 g Chelex-100，加水至 100 mL。

(2) 去离子双蒸水。

【操作】

(1) 取混匀的抗凝血 50 μL 或剪取血痕 0.5 cm^2，置于 0.5 mL 离心管中，加超纯水 300 μL，浸泡 10～15 min，使红细胞溶解；10 000 r/min 离心 5 min，弃上清液，保留 20 μL 左右液体和载体；重复上述操作 1 次，使浸泡液变为极浅红色。

(2) 加 0.2 mL 5% Chelex-100，振摇混匀。

(3) 将离心管置于 56 ℃ 恒温箱，孵育 0.5 h 以上。

(4) 取出离心管，置沸水浴中煮沸 10 min。

(5) 取出以 10 000 r/min 离心 2～3 min，上清即为 DNA 溶液。

【注意事项】

(1) 本法所提取 DNA 未能与蛋白质完全分离开，不能久置。

(2) 5% Chelex-100 为悬浊液，使用中要不断摇匀。

(3) 受到污染、微量或降解的检材，本法提取效果可能不佳，可选择改良 Chelex-100 法、磁珠提取法等进行提取，参见其他参考书。

(4) 因其简便、快速、微量、损失少，该法在法医学上使用较多。10～50 μL 全血就可提取到适合法医分析的 DNA。

(5) 该法除可以用于血液（痕）DNA 提取外，也可以用于精液、唾液、组织、细胞、指甲、毛发等的 DNA 提取。只不过在有些检材提取 DNA 操作中需加蛋白酶 K，有些还需要加二硫苏糖醇（dithiothreitol，DTT）等。

实验二 全血酚-氯仿提取DNA法

【原理】 从全血提取白细胞DNA,可用双蒸水或红细胞裂解液溶血,使红细胞及白细胞破裂,释放出血红蛋白及细胞核。苯酚-氯仿法提取DNA是利用酚可使蛋白质变性,SDS将细胞膜裂解,在蛋白酶K、EDTA的存在下消化蛋白质或多肽及小肽分子,核蛋白变性降解,使DNA从核蛋白中游离出来。DNA易溶于水,不溶于有机溶剂。蛋白质分子表面带有亲水基团,容易发生水合作用,并在表面形成一层水化层,使蛋白质分子能顺利地进入水溶液中形成稳定的胶体溶液。当加入有机溶液时,蛋白质的这种胶体稳定性遭到破坏,变性沉淀。离心后有机溶剂在试管底层(有机相),DNA则存于上层水相中,蛋白质则沉淀于两相之间。酚-氯仿的作用是除去未消化的蛋白质;氯仿还有助于水相与有机相分离,从而达到除去DNA溶液中的酚。抽提后的DNA溶液用2倍体积的冷无水乙醇沉淀,用70%乙醇洗涤DNA沉淀,真空干燥,用Tris-EDTA(TE)缓冲液溶解DNA备用。

【试剂】

(1) 10% SDS:取100 g分析纯SDS加入900 mL纯水中,加热至68 ℃助溶,加少量浓盐酸调pH至7.2,加水至1 000 mL。分装保存,不能高压。注意:称量SDS需戴口罩。

(2) 3 mol/L NaAc(pH=5.2):取408.1 g NaAc·$3H_2O$加入约800 mL纯水中,用冰醋酸调pH至5.2,溶解后加水至1 000 mL。分装高压灭菌。

(3) 1×红细胞裂解液:0.155 mol/L NH_4Cl, 0.01 mmol/L $KHCO_3$, 0.127 mmol/L EDTA。

(4) STE:100 mmol/L NaCl, 1 mmol/L EDTA, 10 mmol/L Tris-HCl(pH=8.0)。

(5) TE:100 mmol/L Tris-HCl(pH=8.0), 40 mmol/L EDTA。

(6) Tris饱和酚:亦称Tris平衡酚(Tris saturated phenol或Tris balanced phenol)。是用Tris-HCl(pH=8.0)饱和过的重蒸酚,为浅黄色透明液体,有刺激性气味,上层为Tris-盐酸缓冲液,一般pH大于7.8,溶液内加有抗氧化剂8-羟基喹啉。用于分离DNA,应于4 ℃避光保存,有效期6个月。

(7) 氯仿-异戊醇(24:1):将氯仿(AR)和异戊醇(AR)按照24:1的比例配制,置于棕色瓶4 ℃保存。

【操作】

(1) 取抗凝新鲜血50~100 μL,血痕检材0.5~1.0 cm^2,置1.5 mL EP管中,血痕检材中加双蒸水(或红细胞裂解液)500 μL,浸泡3~5 min,混匀,3 500 r/min离心15 min弃去含裂解红细胞的上清。重复上述操作1次。

(2) 在离心沉淀的混悬白细胞液加200~500 μL STE,再加入0.2 mL蛋白酶K(1 mg/mL)至终浓度为100~200 μg/mL左右,颠倒混匀,液体变黏稠。56 ℃水浴保温3 h以上,裂解细胞,消化蛋白。保温过程中,应不时颠倒混匀几次。

(3) 取出离心管,待冷至室温后,加入等体积的饱和酚溶液,温和地颠倒混匀离心管5~10 min,使水与酚相混匀成乳状液。5 000~8 000 r/min离心5~15 min,用大口吸管小心吸取上层水相至另一离心管中。重复上述操作1次。再加等体积的氯仿:异戊醇(24:1),颠倒混匀,5 000 r/min离心15 min,用大口吸管小心吸取上层水相至另一离心管中,可重复1次。

(4) 加入1/5体积的3 mol/L NaAc 及2倍体积的预冷的无水乙醇,室温下慢慢颠倒混匀离心管,即有乳白色云絮状 DNA 出现。用玻璃棒小心挑取云絮状的 DNA,转入另一1.5 mL 离心管中,加70%乙醇0.2 mL,以5 000 r/min 离心5 min。洗涤 DNA,弃上清,去除残留的盐。重复1次。室温挥发残留的乙醇,但不要让 DNA 完全干燥。

(5) 加 TE 缓冲液 20～100 μL 溶解 DNA,置于摇床平台缓慢摇动,DNA 完全溶解通常需12～24 h。制成的 DNA 液, −20 ℃冰箱保存备用。

【注意事项】

(1) 裂解液要预热,以抑制 DNase 活性,加速蛋白变性,促进 DNA 溶解。

(2) 苯酚一定要碱平衡。苯酚具有高度腐蚀性,飞溅到皮肤、黏膜和眼睛会造成损伤,因此应注意防护。氯仿易燃、易爆、易挥发,具有神经毒作用,操作时应注意防护。

(3) 各操作步骤要轻柔,过于用力会使 DNA 人为断裂。

(4) 取各上清时注意不要吸入沉淀,防止非核酸类成分吸入。

(5) 异丙醇、乙醇、NaAc、KAc 等要预冷,以减少 DNA 的降解,促进 DNA 与蛋白质的分相及 DNA 沉淀。

(6) 所用试剂和器材要高压灭菌、烤干,去除核酸酶。

(7) 所有试剂均用高压灭菌双蒸水配制。

(8) 用大口滴管或吸头吸转上清,以尽量减少人为打断 DNA 的可能性。

(9) 样品要新鲜或液氮冷冻保存,以减少内切酶使 DNA 降解的可能性。

(10) 避免剧烈振摇,不能搅动基因组 DNA。

(11) 吸取基因组 DNA 时,要用专用的粗口吸头,普通吸头可能会切断 DNA 或造成 DNA 缺口。

(12) 基因组 DNA 应4 ℃保存,如 −20 ℃保存可能导致 DNA 断裂。

(13) 在抽提过程中,如果水相和有机层的界面不太清楚,说明其中蛋白质含量较高,可增加酚 − 氯仿抽提的次数或适当延长离心的时间。

(14) 酚抽提时,如果上清液太黏稠,无法进行水相转移,可加入适量 TE 缓冲液稀释后再抽提。

(15) 饱和酚容易被氧化变成红色而失效,因此加入抗氧化剂及上层缓冲液,减少被氧化的机会。

实验三 精斑和混合斑的 DNA 提取

1. 精斑 DNA 的提取——Chelex-100 法

【原理】 同"实验一 血痕(液)Chelex-100 提取 DNA 法"。

【试剂】

(1) 1 mol/L DTT:称取154.3 mg DTT 加1 mL 0.01 mol/L 乙酸钠溶液(pH = 5.2)溶解,过滤除菌 −20 ℃保存。

(2) 其他试剂同酚 − 氯仿法和 Chelex-100 法。

【操作】

(1) 剪取1～2 cm² 精斑置于1.5 mL 的灭菌离心管内,加入1 mL 无菌水,浸泡2 h

以上，其间振动和摆动精斑载体数次。在离心管的底部开一个小洞，套上另一个离心管，以 8 000～10 000 r/min 离心 3 min，弃去载体管和套管上清。

（2）在沉淀管中加入 200 μL 5% Chelex-100 混悬液。

（3）加入 10 μL DTT，5 μL 蛋白酶 K，轻微漩涡振荡。

（4）56 ℃保温 30 min 以上。

（5）煮沸样本 10 min。

（6）取出立即置于冰上 3 min。

（7）涡流剧烈振荡 5～10 s。

（8）样本管在室温条件下以 10 000～15 000 r/min 离心 2～3 min，DNA 样品备用。

【注意事项】

（1）常见精斑多为混合斑，其中可能含有大量女性成分，可以考虑分离提取；亦可进行男、女性 STR 基因座的比对分析。

（2）精斑也可用 Y-STR 基因座进行分析。

（3）精斑 DNA 提取亦可用酚 - 氯仿法、碱裂解法、盐析法或磁珠分离法进行。

2. 混合斑的 DNA 提取——二步消化法

【原理】用两步消化法将精液与阴道液的混合斑中男性和女性 DNA 分别提取出来。第一步，用蛋白酶 K 消化混合液中的阴道上皮细胞，然后离心分离未被消化的精子（头部），得到女性 DNA。第二步再在蛋白酶 K、SDS 和 DTT 混合液作用下，消化精子（头部），从而得到男性精子 DNA。由于精子细胞核是富含二硫键的交联蛋白组成的网状结构，能抵抗各种类型的去垢剂作用，对外源性蛋白酶水解也有相当强的抵抗作用，必须在 DTT 等试剂的作用下，使二硫键断裂，将—S—S—还原成—SH，核蛋白才能被蛋白酶 K 水解，释放出 DNA。精子核蛋白在没有还原剂时极为稳定，在有还原剂存在的时候不稳定，所以可以在反应体系中加入一定量的 SDS 以促进核蛋白的溶解、DNA 的释放。

【试剂】同"（一）精斑 DNA 的提取——Chelex-100 法"。

【操作】

（1）剪取 1～2 cm² 带有混合斑的检材，置入 1.5 mL EP 管中。

（2）加入 1 mL 磷酸盐缓冲液（PBS）或生理盐水，充分混匀，浸泡 2 h。

（3）12 000 r/min 离心 3 min，弃去上清。

（4）向带有精子及阴道脱落上皮细胞沉渣的 1.5 mL EP 管中加入 500 μL PBS 液（或 Tris-HCl）及 1 mg/mL 的蛋白酶 K 10 μL，充分混合，56 ℃消化 1 h 以上或过夜（根据女性成分的多少调整消化时间）。

（5）12 000 r/min 离心 10 min，上清中含有女性成分 DNA，取出保存于另一干净离心管中。

（6）沉淀加入 1 mL PBS 洗涤 1 次，12 000 r/min 离心 10 min，尽量去除上清；再向沉淀中加入少许 Chelex-100（100～200 μL）及浓度为 20 mmol/L 的 DTT 10～20 μL，质量浓度为 1 mg/mL 的蛋白酶 K 20 μL，0.4% SDS 5 μL，涡旋混匀 15 s，56 ℃消化 2～3 h 或过夜。

（7）混匀后沸煮 10 min。

（8）立即置于冰上 3 min。

(9) 10 000 r/min 离心 1 min,置于 4 ℃冰箱中,备用。

【注意事项】

(1) 消化女性成分,分离精子是本法关键步骤,消化时间长短取决于女性成分的多少,凭经验判断。如果条件允许,可做时间梯度消化,尽可能将男、女成分分开。

(2) 为了得到纯度较高、污染较少的 DNA 样品,分离出的沉淀物可以洗涤多次。

三、核酸定量分析及注意事项

用于法医学鉴定的 DNA 通常要求先进行定量分析,确保分型的成功。核酸定量主要根据核酸分子组成中的碱基、核糖(脱氧核糖)、磷酸的特性而进行。具体定量方法如下。

实验四 紫外分光光度定量法

【原理】 利用碱基对 260 nm 紫外光的吸收特性对核酸进行定量。A_{260}是核酸最大吸收波长,最佳吸光度值的范围为 0.1～1.0。如果吸光度不在此范围内,可通过稀释或浓缩样品到达此范围;如果吸光度小于 0.05,检查是否存在操作因素(移液器不准确,样品内有悬浮物等)影响。A_{280}是蛋白和酚类物质最高吸收峰的吸收波长。在波长 260 nm、280 nm 下测 A(或 OD,optical density)值,计算 A_{260}/A_{280}。纯 DNA 该比值为 1.8,纯 RNA 该比值为 2.0。$A_{260}/A_{280} < 1.7$,表示受到蛋白(芳香族)或酚类物质的污染,需要纯化样品。$A_{260}/A_{280} > 2.0$,RNA 量比较多。$A_{260}/A_{280} = 1.5$,表示蛋白质和 DNA 各为 50%。A_{230}是碳水化合物最高吸收峰的吸收波长,其比值可进行核酸样品纯度评估。纯 DNA 和 RNA 的 A_{230}比值为 2.5,若比值 <2.0,表明样品被碳水化合物(糖类)、盐类或有机溶剂污染,需要纯化样品。A_{230}产生负值主要是由于在很低 DNA 浓度的溶液中的一些其他成分干扰所导致的。在下一个测定中,需要降低样品的稀释度,A_{230}的负值会被校正。A_{320}或 A_{340}为检测溶液样品的浊度和其他干扰因子。该值应该接近 0。如果不是,表明溶液中有悬浮物,需要纯化样品。纯样品的 A_{320}一般是 0。

【设备】 核酸定量仪或紫外分光光度计。

【操作】 取 DNA(RNA)样品稀释,预热 DNA/RNA 定量仪。选定波长,在不同波长下平行测定样品 3 次,计算吸光度均值及不同波长时的比值,评价结果。

【注意事项】 此法用于 DNA 定量时,需要用 DNA(RNA)标准品或绘制标准曲线才能得到 DNA(RNA)浓度,否则只能相对定量。

另外,此法可以用于检验所提 DNA(RNA)的纯度。

实验五 化学显色定量法(选做)

(一)核酸中糖含量的测定(定糖法)

1. 苔黑酚法测 RNA 含量

【原理】 RNA 分子中的 D-核糖与盐酸共热生成糠醛,然后与 3,5-二羟基甲苯

（$C_7H_{10}O_3$，亦称苔黑酚、地衣酚）生成鲜绿色化合物，用670 nm波长光比色测定含量。

$$\text{D-核糖} + \text{浓HCl} + \underset{\underset{\text{HO}}{\bigcirc}{\text{OH}}}{\overset{CH_3}{}} \xrightarrow[\Delta]{FeCl_3} \text{绿色（苔黑酚法）}$$

【试剂】
（1）RNA标准溶液：取酵母RNA配成1 mg/mL的溶液，临用前稀释5倍。
（2）样品待测液：配成每毫升溶液含RNA干燥制品50～100 μg。
（3）苔黑酚试剂：先配0.1% 三氯化铁浓盐酸（AR）溶液（0.2 g三氯化铁，加1.68 mL浓盐酸，加水至200 mL，用前稀释10倍），实验前用此溶液作为溶剂配成0.1% 3,5-二羟基甲苯溶液。

【操作】
（1）标准曲线的制作：取6支干净试管，按表3-2编号及加入试剂。平行做2份。混匀，置沸水浴25～45 min，取出待冷，用670 nm波长光比色，取2管平均值，以RNA浓度为横坐标，以吸光度为纵坐标，绘制标准曲线。

表3-2 苔黑酚法测RNA含量的标准曲线制作

试剂＼管号	0	1	2	3	4	5
RNA标准液/mL	0	0.4	0.8	1.2	1.6	2.0
RNA含量/μg·mL^{-1}	0	40	80	120	160	200
蒸馏水/mL	2.0	1.6	1.2	0.8	0.4	0.0
苔黑酚试剂/mL	2.0	2.0	2.0	2.0	2.0	2.0

（2）样品的测定：取2支试管，各加入2.0 mL样品液，再加2.0 mL苔黑酚试剂。如前述进行测定。查标准曲线得出结果。

【注意事项】
（1）样品中蛋白质含量较高时，应先用5%三氯醋酸溶液沉淀蛋白质后再测定。
（2）本法特异性较差，凡属戊糖均有反应。微量DNA无影响，较多DNA存在时，亦有干扰作用，如在试剂中加入适量$CuCl_2·2H_2O$可减少DNA的干扰。甚至某些己糖在持续加热后生成的羟甲基糖醛也能与苔黑酚反应而显色。此外，利用RNA和DNA显色复合物的最大光吸收不同，且在不同时间显示最大色度从而加以区分。反应2 min后，DNA在600 nm呈现最大光吸收，而RNA则在反应15 min后，在670 nm下呈现最大光吸收。
（3）RNA标准溶液须经定磷法确定其纯度。

2. 二苯胺法测DNA含量
【原理】DNA中的2-脱氧核糖在酸性环境中变成ω-羟基-γ酮基戊醛，与二苯胺试剂一起加热产生蓝色化合物，在595 nm处有最大的吸收。在每毫升含DNA 20～400 μg

范围内,吸光度与 DNA 的浓度成正比,在反应液中加入少量乙醛,可以提高反应的灵敏度。除 DNA 外,脱氧木糖、阿拉伯糖也有同样的反应。

$$\text{D-2-脱氧核糖} + \text{C}_6\text{H}_5\text{-NH-C}_6\text{H}_5 \xrightarrow[\Delta]{H^+} \text{蓝色(二苯胺法)}$$

[试剂与设备]

(1) DNA 标准溶液:取小牛胸腺 DNA,用 0.1 mol/L 氢氧化钠溶液配制成 200 μg/mL 的溶液。

(2) DNA 样品液:控制其 DNA 含量在 50~100 μg/mL。

(3) 二苯胺试剂:称取 1 g 结晶的二苯胺(diphenylamine)试剂溶于 100 mL(AR)冰醋酸中,再加入 10 mL 过氯酸(AR,60%以上)或 2.75 mL 浓硫酸,混匀备用。临用前加入 1 mL 1.6% 乙醛溶液(乙醛溶液应保存于冰箱,1 周内可使用)所配得的溶液应为无色。

(4) 试管及试管架。

(5) 移液管(1 mL,2 mL,5 mL)。

(6) 恒温水浴锅。

(7) 可见光分光光度计。

【操作】

(1) DNA 标准曲线的制作:取 8 支试管,编号,按表 3-3 加入各试剂。平行做 2 份。摇匀,于 60 ℃ 恒温水浴中保温 1 h(或于沸水中煮沸 15 min),待冷却至室温,测 A_{595}。以光密度为纵坐标,DNA 含量(μg/mL)为横坐标,绘制标准曲线。

表 3-3 二苯胺法测 DNA 含量标准曲线的制作

试剂/mL \ 管号	0	1	2	3	4	5	6	7
DNA 标准液	0	0.2	0.4	0.8	1.0	1.2	1.6	2.0
蒸馏水	2.0	1.8	1.6	1.2	1.0	0.8	0.4	0
二苯胺试剂	4.0	4.0	4.0	4.0	4.0	4.0	4.0	4.0

(2) 样品的测定:取 2 支试管,各加 0.2~0.5 mL 的待测样品液(内含 DNA 应在标准曲线可测范围之内),加蒸馏水稀释至 2 mL,再加 4 mL 二苯胺试剂,摇匀,其他操作步骤与标准曲线的制作相同。根据测得的光密度值,从标准曲线上查出相当该光密度 DNA 的含量,按下式计算出样品中 DNA 的百分含量。

每毫升待测液 DNA 含量 = 标准曲线查得值 × 稀释倍数

【注意事项】

(1) 二苯胺法测定 DNA 含量灵敏度不高,待测样品中 DNA 含量低于 50 mg/L 即难以测定。乙醛可增加二苯胺法测定 DNA 的发色量,又可减少脱氧木糖和阿拉伯糖的干扰,能显著提高测定的灵敏度。

(2) 样品中含有少量 RNA 并不影响测定，但因蛋白质、多种糖类及其衍生物、芳香醛、羟基醛等能与二苯胺反应形成有色化合物，故能干扰 DNA 的测定。

(二) 核酸中磷含量的测定 (定磷法——钼蓝比色)

【原理】(以 RNA 为例) 浓硫酸水解核酸中的磷酸，酸性条件下磷酸与钼酸形成磷钼酸，用还原剂还原磷钼酸成为钼蓝，显蓝色。首先将核酸样品用硫酸消化成无机磷，测定无机磷量。反应式为：

$$(NH_4)_2MoO_4 + H_2SO_4 \longrightarrow H_2MoO_4 + (NH_4)_2SO_4$$

$$H_3PO_4 + 12H_2MoO_4 \longrightarrow H_3P(Mo_3O_{10})_4 + 12H_2O$$

$$H_3P(Mo_3O_{10})_4 \xrightarrow{Fe^{2+}/Vit.\,C} Mo_2O_3 \cdot MoO_3 \,(钼蓝)$$

还原产物钼蓝在波长 660 nm 测定吸光值，当无机磷含量在 1～25 μg 范围内，吸光度与含磷量成正比。RNA 的含磷量为 9.5%，即 1 μg RNA 的磷相当于 10.5 μg RNA。DNA 的含磷量平均为 9.9%，1 μg 磷相当于 10.1 μg DNA。

【试剂】

(1) 酵母 RNA 样品溶液：称取样品 (粗核酸) 0.1 g，用少量蒸馏水溶解 (如不溶，可滴加 5% 氨水至 pH = 7.0)，转移至 50 mL 容量瓶中，加水至刻度 (此溶液含样品 2 mg/mL)。

(2) 标准磷原液：将磷酸二氢钾 (AR) 于 100 ℃ 烘至恒重，准确称取 0.8775 g 溶于少量蒸馏水中，转移至 500 mL 容量瓶中，加入 5 mol/L 硫酸溶液 5 mL 及氯仿数滴，用蒸馏水稀释至刻度，此溶液每毫升含磷 400 μg。

(3) 标准磷溶液：用时将标准磷原液准确稀释 20 倍 (20 μg/mL)。

(4) 磷钼酸试剂：取钼酸铵 [$(NH_4)_6Mo_7O_{24} \cdot 4H_2O$] 50 g 于烧杯中，加入 5 mol/L 硫酸溶液 400 mL，边加边摇，待溶解后转入量筒，加 5 mol/L 硫酸溶液至 500 mL。

(5) 硫酸亚铁钼酸铵试剂：临用前配制。取磷钼酸试剂 10 mL 移入 100 mL 量筒中，加水约 70 mL，加入硫酸亚铁粉末 5 g (或 Vit. C)，溶解后加水至 100 mL，混匀，置棕色瓶保存。

(6) 5% 氨水。

(7) 30% 过氧化氢。

【操作】

(1) 核酸样品用硫酸消化，将有机磷转化成无机磷：样品消化操作见表 3-4。置消化炉中消化 2～6 h 至溶液无色透明，待冷却。各管加去离子水 1.0 mL，沸水浴中加热 10 min (分解焦磷酸)，待冷却，各管加水至 50 mL，混匀。

(2) 制作标准曲线及测定磷含量：取试管 6 支，如表 3-5 操作 (平行 3 次)。用漩涡混合器混匀，45 ℃ 恒温水浴保温 25 min，用去离子水作为空白，660 nm 测定吸光值。取 3 管的平均值。

表3-4 核酸中磷含量测定的样品消化操作

试剂/mL \ 管号	1	2	3
样品液	0	1	0
磷标准原液	0	0	1
蒸馏水	1	0	0
硫酸液（5 mol/L）	2	2	2

表3-5 标准曲线的制作及磷含量测定

试剂/mL \ 管号	1	2	3	4	5	6
磷标准液	0	0.1	0.2	0.3	0.4	0.5
蒸馏水	1.5	1.4	1.3	1.2	1.1	1.0
硫酸液（5 mol/L）	0	0	0	0	0	0
定磷试剂	1.5	1.5	1.5	1.5	1.5	1.5

（3）样品总磷量测定：取步骤（1）中的消化液 3.0 mL，置于试管中，加硫酸液 1.5 mL，定磷试剂 1.5 mL，45 ℃水浴中保温 10 min，测 A_{660}。

（4）无机磷的测定：吸取 RNA 样品液（2 mg/mL）1.0 mL，置于 100 mL 容量瓶中，加水至刻度，混匀后吸取 3.0 mL 置于试管中，加硫酸液 1.5 mL，定磷试剂 1.5 mL，45 ℃水浴中保温 10 min，测 A_{660}。

（5）计算：总磷 A_{660} - 无机磷 A_{660} = 有机磷 A_{660}。

由标准曲线查得有机磷的质量（μg），再根据测定时的取样体积（mL），求得有机磷的质量浓度（μg/mL）。按下式计算样品中核酸的质量分数：

$$W = \frac{CV \times n \times 11}{M} \times 100\%$$

式中，W：核酸的质量分数（%）；

C：有机磷的质量浓度（μg/mL）；

V：样品总体积（mL）；

11：因核酸中含磷量为9%左右，1 μg 磷相当于 11 μg 核酸；

n：样品稀释倍数；

M：样品质量（μg）。

【注意事项】

（1）要求试剂及所有器皿清洁，不含磷，不要用含磷洗涤剂清洗器皿。

（2）每管加样和测定均要求平行操作。

（3）消化溶液定容后务必上下颠倒混匀后再取样。

（4）各种试剂必须用移液器按顺序准确移取，移液器枪头用吸水纸擦净，溶液尽量加到试管底部，标准溶液要求用差量法配制。

(5) 漩涡混合器使用点动振动，试管竖直或稍倾斜垂直向下用力。

(6) 测定吸光值时，用一个比色杯装去离子水调节分光光度计零点，另一个比色杯依次从低浓度到高浓度的顺序比色测定。

(7) 得到有机磷含量，RNA 含量就容易计算得到（1.0 μg 有机磷相当于 10.5 μg RNA）。

实验六　琼脂糖凝胶电泳定量法

【原理】琼脂糖凝胶电泳分离，溴乙锭（EB）荧光显色测定法可以快速估算样品中 DNA 含量。嵌入 DNA 中的 EB 分子受紫外光激发而发射的荧光强度与 DNA 总质量数成正比，通过比较样品与系列标准品的荧光强度，可对样品中的 DNA 进行定量。该法灵敏、快速，可检测出低至 1～5 ng DNA，可了解样品降解程度，确定有多少高分子量 DNA，但不十分准确。它的荧光强度取决于嵌入碱基中的 EB 的多少，而且与 DNA 的螺旋程度密切相关，标准品与样品难以完全一致，并且还受其他发光污染物的影响。该法同样不能确定样品是否为人 DNA。

【试剂】

(1) 上样缓冲液：0.25% 溴酚蓝，0.25% 二甲苯青，40% 蔗糖。亦称染料液或指示剂。

(2) 0.8% 的琼脂糖凝胶液：取琼脂糖（电泳纯）0.8 g 加 1×电泳缓冲液至 100 mL。

(3) Tris - 醋酸［50×TAE（Tris - 醋酸缓冲系）］储存液：Tris 242 g，冰醋酸 57.1 mL，0.5 mol/L EDTA（pH=8.0）100 mL，加水至 1 000 mL。工作液（1×TAE）：取储存液稀释 50 倍。TBE（Tris - 硼酸缓冲系）配制见本书实验八。

【操作】

(1) 琼脂糖凝胶电泳所用缓冲体系。在核酸的分离中，电泳缓冲体系多为连续系统。经常使用的缓冲体系有 TBE、TAE。配制时一般先配制 50×的储存液，用时稀释到所需浓度。线性 DNA 分子和开环分子在琼脂糖凝胶中的迁移率随使用的缓冲体系不同而不同，在 TAE 中线性分子迁移率大于开环分子迁移率，而在 TBE 中则相反。

(2) 琼脂糖凝胶的配制（以水平板为例）。

1) 用 1×电泳缓冲液配制所需浓度的凝胶，如 0.8%，含 EB 0.5 μg/mL。

2) 在沸水或在微波炉中加热琼脂糖液，至琼脂糖完全融化，待溶液冷至约 55 ℃，加入 EB 染料至最终质量浓度为 0.5 μg/mL（也可以待电泳结束再将胶放入 EB 染液中，染色 15 min）。

3) 用透明胶将玻璃板或有机玻璃槽封边，放入梳子，梳齿下端离槽底需 0.5～1.0 mm。

4) 将融化的琼脂糖凝胶不间断地倒入玻璃板或有机玻璃槽中，厚度根据梳孔的深浅而定，避免气泡产生，室温下自然凝固。

5) 待完全凝固后，小心取出梳子，不要将凝胶与槽底分离，将胶板置入电泳槽中加入电泳缓冲液，使凝胶浸泡在电泳缓冲液下约 1 mm。

(3) 样品的配制和加样。先将样品与指示染料预混（2 μL DNA 样品加 0.4 μL 上样缓冲液），然后将预混染料的样品加到梳孔中，样品应有一定浓度，指示染料的密度应较大，使得加入的样品沉入孔内，使样品较集中，不易扩散。

（4）电泳。电泳电压为 5～15 V/cm，一般 10 V/cm，对于大分子分离，电压应该更低些，一般不超过 5 V/cm。电泳温度的控制据需要而定，大分子分离以低温较好，室温亦可以。

（5）染色及结果观察。电泳结束后，取出玻璃板或有机玻璃槽，将凝胶放入已经配制好的染料液（EB 液）中进行染色 5～15 min，DNA 与染料 EB 结合，结合力大小为：超螺旋 DNA < 双链闭环 DNA < 线状双链 DNA。水洗，置紫外透射仪下，观察荧光条带。EB 染料用于染色 DNA 有许多优点：①染色操作简单，凝胶稍微洗去电泳缓冲液，置染料中染色时间短，浓度低于 1% 的凝胶染色约 15 min 即可，不与 DNA 结合的染料不干扰紫外光观察。②不会破坏或降解 DNA 分子，而有些染料不行。③灵敏度高，且对 DNA 或 RNA 均显色。④EB 可以加入到样品中，随时用紫外吸收追踪检查，染色后 EB 还可以用正丁醇去除。如果是在琼脂糖中预混 EB 染料，就不需要染色，可直接观察。

关于凝胶电泳的其他操作，如洗脱、回收及电转等详见有关专著。

【注意事项】

（1）制板与灌胶。

1）根据待分离样品种类选择适当浓度的凝胶，未知样品可用 1% 凝胶预电泳观察结果，再调整凝胶浓度。

2）灌制的凝胶中应无气泡，否则影响分离效果。

（2）加样与电泳。

1）加样量应根据样品浓度而定，每孔在 5～10 μg 范围内较好。

2）电泳电压不宜过大，以免热效应过大；也不应过小，以免样品扩散。

（3）染色、显色与结果观察。

1）小心不要接触 EB 染料。

2）观察结果是在紫外光下，应戴防护眼镜，以免伤害眼睛。

3）观察结果后的凝胶应及时处理，放入专门污物桶内，专门处理。

（4）EB 为强诱变剂，在操作中应特别注意自我保护。

四、法医 DNA 遗传标记的主要分析方法

（一）DNA 指纹技术

1980 年，人类发现数目可变串联重复序列（variable number of tandem repeats，VNTR）之后，相继发现了许多类似的可变区，即基因组上存在着多位点的 VNTR。VNTR 内的"核心序列"（重复单元）长 10～70 bp。不同个体基因组上同一 VNTR 位点的核心序列相同，但重复次数相差明显。故不同个体间同一位点 VNTR 区的 DNA 片段长度变化较大，在群体中呈多态性，即 VNTR 片段长度多态性。因此，这些多位点的 VNTR 长度片段多态性就为法医物证学中的个体识别提供了有力证据。利用限制性核酸内切酶对不同个体 DNA 进行酶切和 Southern 印迹杂交，即为限制性片段长度多态性（restriction fragment length polymorphism，RFLP），获得个体特异的 DNA 指纹图谱。Jeffreys 等首次利用这一技

术对一起移民侵权案进行了鉴定,肯定了血缘关系,给法医物证学鉴定带来了一场技术革命。DNA 指纹技术的基本原理是:利用 VNTR 序列中无切点的限制性内切酶如 $Hinf$ I 酶切基因组 DNA 后,形成长短不等的 DNA 片段,经电泳将这些不同大小的 DNA 片段分开,用 VNTR 核心序列作为标记探针进行 Southern 印迹杂交,不同个体出现一系列不同的杂交带型,从而做出个体识别并正确认定罪犯。Jeffreys 等研究了 20 名有关白人的 DNA 指纹,如果用一种核心序列作为标记探针进行 Southern 印迹杂交,两个体出现完全相同带型的可能性是 3×10^{-11};如果用两种核心序列作探针,则两个体出现完全相同带型的可能性低于 5×10^{-19}。目前世界人口约 6×10^{9},因此,除同卵双生外,没有两个人的杂交带型会是完全相同的,正如每个人的指纹一样,达到了完全个体特异的水平。这是法医物证 DNA 多态性分析的第一代技术,该技术操作较繁杂。

(二) STR 分型技术

STR 也称微卫星 DNA,是由 2~10 bp 重复单元组成的短串联重复序列。片段长度多在 100~500 bp。STR 广泛分布于人类基因组中。据估计,人类基因组每 20 bp 就有一个 3 bp 或 4 bp 串联重复序列的 STR 位点。A. Edwards 等人研究发现,约 50% 的 STR 位点具有高度多态性。这些高度多态性的 STR 为法医个体识别提供了又一有力武器。STR 用于法医物证学检测不需要杂交,结合 PCR 技术,只要设计出 STR 两侧 DNA 引物,对待测样本 DNA 进行简单的 PCR,即可根据电泳谱带认定或排除罪犯。由于 STR 广泛分布于整个基因组,因此,部分降解的 DNA 也可以进行分析;由于 STR 序列较短,各位点 STR 扩增条件相差不大,利用 PCR 技术可同时对几个 STR 位点进行扩增,即 STR-PCR 复合扩增技术。该技术省时、节约检材、提高了识别率,更适合于法医物证学鉴定实际应用。STR-PCR 复合扩增是将多个 STR 位点的引物加入同一反应体系,固定 dNTP、Mg^{2+} 浓度,恒定循环温度和循环次数,调节各引物浓度,进行同步扩增。STR-PCR 复合扩增技术的建立大大提高了 STR 系统的个人识别率。1998 年,A. M. Lins 等对 12 个 STR 位点进行复合扩增,个人匹配概率 (P_m) $< 3.3 \times 10^{-12}$,超过了 Jeffreys 报道的单个多位点探针得到的 DNA 指纹 3×10^{-11} 的匹配概率。目前,STR 复合扩增试剂盒已经达到 20 个位点以上,并广泛应用在法医物证鉴定中。这是法医 DNA 多态性分型的第二代技术。由于该分析技术对微量、降解检材的检出率较低,应用也有一定限制。

(三) 线粒体 DNA 分析

线粒体 DNA (mt DNA) 是真核生物细胞核外的遗传物质。由于 STR 分型技术在法医学应用上有其局限性,如用毛干等作为检材无法进行 STR 分型,应用线粒体 DNA 的分析技术可在一定程度上弥补其不足。

(四) SNP 分析技术

单核苷酸多态性 (single nucleotide polymorphism, SNP) 是指基因组 DNA 上单个核苷酸变异,形成的遗传多态性标记,它属于第三代遗传标记。其数量多,多态性丰富。SNP 单个碱基发生变异的类型包括置换、颠换、缺失和插入。理论上讲,每一个 SNP 位点可以有 4 种不同的变异形式,但实际上,往往只发生 2 种变异,即转换和颠换,且二者之比为 2∶1。SNP 在 CG 序列上的变异发生最为频繁，而且多是 C 转换为 T，原因可能是 CG 中的 C 常发生甲基化，后者自发地脱氨后即成为胸腺嘧啶。一般而言，SNP 是指变异频率大于 1% 的单核苷酸变异。在人类基因组中大概每 1 kb 就有 1 个 SNP，人类基因组上 SNP 总量大概是 3×10^6 个。因此，SNP 具有如下特性：①数量多，分布广。SNP 遍布于整个人类基因组中，根据 SNP 在基因中的位置，可分为基因编码区 SNPs（coding-region SNPs，cSNPs）、基因周边 SNPs（peri-genic SNPs，pSNPs）以及基因间 SNPs（inter-genic SNPs，iSNPs）。②SNP 适用于快速、规模化筛查。组成 DNA 的碱基虽然有 4 种，但 SNP 一般只有 2 种碱基组成，所以它是一种二态的标记，即二等位基因。由于 SNP 的二态性，非此即彼，在基因组筛选中 SNPs 往往只需 +/- 的分析，而不用分析片段的长度，有利于发展自动化筛选或检测 SNPs 技术。③SNP 等位基因频率容易估计。采用混和样本估算等位基因的频率高效快速。首先选择参考样本制作标准曲线，然后将待测的混和样本与标准曲线进行比较，根据所得信号的比例确定混和样本中各种等位基因的频率。④易于基因分型。SNPs 的二态性，也有利于对其进行基因分型。

总之，法医 DNA 多态性分析方法应具有灵敏度高、简便、快速、准确、经济实用等优点。RFLP 的检测多用 Southern 印迹杂交法或用限制性内切酶识别消化结合电泳的方法，但由于所检测突变范围窄，可进一步结合 PCR 扩大 RFLP 的使用范围（即用 PCR-RFLP 法）。通常应根据基因变异的类型采用不同的分析方法，如基因缺失可用基因探针杂交，PCR 扩增直接检测。点突变可用单链构象多态性（single strand conformation polymorphism，SSCP）、扩增阻滞突变系统（amplification refractory mutation system，ARMS）、等位基因特异性寡核苷酸（allele specific oligo-nucleotide，ASO）探针杂交、扩增片段长度多态性（amplified fragment length polymorphism，AFLP）、变性梯度凝胶电泳（denatured gradient gel electrophoresis，DGGE）、ASO 引物 PCR、DNA 测序等直接检查。这类标记检测技术操作一般比较繁杂、耗时，目前法医物证学鉴定使用较少。小卫星 DNA 和微卫星 DNA 的长度多态性多通过 PCR 直接扩增其所在区域，然后用电泳分析测定；也可以直接测序来判断小卫星 DNA 和微卫星 DNA 重复单位的拷贝数。结合 PCR 技术可以快速分型鉴定，加上目前广泛使用复合扩增技术，它是目前法医物证学鉴定使用最重要的鉴定技术。原则上任何用于检测上述 2 类多态性标记的技术都可用于 SNP 的检测和鉴定，如 RFLP 法、ASO 探针杂交、寡核苷酸连接测定（oligonucleotide ligation assay，OLA）、ARMS、DNA 测序等。近年来又相继报道了一些新的基因多态性研究方法，如变性高效液相色谱（denaturing high performance liquid chromatography，DHPLC）技术、荧光定量 PCR 技术（TaqMan PCR）、侵入检测技术（invader assay）、SNaPshot、分子灯塔技术（molecular beacon）、基因芯片（DNA 芯片）、质谱分析等均有用于 SNP 检测的报道。

实验七　TPOX 和 TH01 基因座 PCR 复合扩增

【原理】将 TPOX 和 TH01 基因座特异性引物按照适当的比例混合，然后在有 dNTP，Mg^{2+} 和 DNA 聚合酶存在的缓冲体系中加入 DNA 模板，在 PCR 仪中 STR 基因座的等位基因呈几何级数扩增，经过一定时间、20～40 个 PCR 循环后，其产物达到一定浓度，可通过电泳分离和银染显色对其进行基因分型。

【试剂】通常所需试剂为缓冲液（buffer）、dNTP、引物（primer）、DNA 聚合酶（*Taq*

酶)、双蒸馏水、DNA 模板（template)、Mg^{2+}。

下面以珠海科登 TPOX，TH01 基因座银染试剂为例介绍试剂及操作。

(1) 10×引物 mix：含引物和 dNTP。

(2) 双蒸水（ddH_2O）。

(3) 10×缓冲液：含 Mg^{2+}。

(4) DNA 模板：1～5 ng。

(5) 等位基因 Ladder（等位基因分子量标准物）：重组 DNA Ladder。

(6) *Taq* DNA 聚合酶：1U/μL。

【操作】

(1) 配制 PCR 扩增混合物。扩增体系：10×缓冲液 2.5 μL；dNTP（0.2 mmol/L）2.5 μL；10×引物 mix（0.1 μmol/L）2.5 μL；*Taq* DNA 聚合酶 0.25 μL；模板 DNA 5 μL；ddH_2O 加至 25 μL，混匀。

(2) PCR 扩增。按照下列循环参数将混合物置 PCR 仪中扩增：94 ℃ 4 min 预变性；94 ℃ 45 s，60 ℃ 40 s，72 ℃ 40 s，共 30 个循环；72 ℃ 末次延伸 10 min。取出产物待分离分型。

【注意事项】

(1) 扩增随所选基因座不同，条件应适当调整和优化。

(2) 模板 DNA 可以由血痕、毛发或唾液提取，扩增前最好定量。

(3) 试剂必须保存在 -20 ℃，尽可能分装，减少反复冻融。

实验八 聚丙烯酰胺凝胶电泳及银染色法

【原理】将 PCR 扩增产物置于聚丙烯酰胺凝胶电泳（PAGE）系统中，经过电泳分离，将不同分子量的 STR 基因座的等位基因分开，然后用硝酸银对 DNA 进行染色，甲醛将沉积在 DNA 带上的银离子（硝酸银）还原成金属银而显带，与标准的等位基因 Ladder 比较，得到 STR 分型结果。

【试剂】

(1) 30% 丙烯酰胺储存液（或称母液，有神经毒作用）：取 29 g 丙烯酰胺和 1 g，N，N′-亚甲双丙烯酰胺，加水溶解至 60 mL，加热至 37 ℃ 溶解，再加水至终体积为 100 mL。溶液的 pH 值应不大于 7.0，置棕色瓶中保存于室温。

(2) 10% 过硫酸铵（APS）：取 1 g 过硫酸铵加水溶解至 10 mL，该溶液在 4 ℃ 保存不超过 1 周。

(3) 5×TBE：取 54 g Tris，27.5 g 硼酸，20 mL 0.5 mol/L EDTA（pH=8.3），用三蒸水溶解，然后加水至 1 000 mL。

(4) N，N，N′，N′-四甲基乙二胺（TEMED）：市场现售。

(5) 固定液（10% 乙醇）：无水乙醇 100 mL 加蒸馏水至 1 000 mL。

(6) 1% 硝酸：取水约 600 mL，加 15.4 mL 硝酸（浓度约 68.0%）混匀，加水至 1 000 mL。

(7) 银染液（12 mmol/L 硝酸银）：称取 2.038 g $AgNO_3$（AR）加水溶解，加水至

1 000 mL。

(8) 显色液：称取 30 g 无水碳酸钠，一边加水一边摇匀，加入 0.7～0.9 mL 37% 的甲醛，加水至 1 000 mL。

(9) 停显液（10% 的醋酸）：100 mL 冰醋酸加水至 1 000 mL。

(10) 电泳上槽液（0.5×TBE）：取 100 mL 5×TBE 加水至 1 000 mL。

(11) 电泳下槽液（1×TBE:3 mol/L NaAc=2:1）：将 1×TBE 和 3 mol/L NaAc 按照 2:1 的比例混合。

【操作】

(1) 电泳装置的准备。

1) 选板：选择合适的垂直电泳槽与大小相配的两块玻璃板（其中一块凹形），及两玻璃板间的隔垫片和鲨鱼齿梳（其厚度应与间隔片相配套）。

2) 擦板：用无水乙醇擦洗干净上述两块玻璃板，待其自然晾干。

3) 装板与封边：在两块玻璃板间放好间隔垫片，用宽透明胶将玻璃板的两侧及底边封严，在玻璃板两边夹好固定夹子。

4) 配胶：30% Arc:Bis（29:1）9 mL，5×TBE 9 mL，TEMED 20 μL，10% 过硫酸铵 200 μL，去离子水加至 45 mL（按本实验室的配套玻板所需量配制）充分混匀。注意：丙烯酰胺有神经毒作用，操作时要戴手套。

5) 灌胶：将玻璃板倾斜约 20°，缓慢灌入胶液（注意：胶液应连续灌注，避免产生气泡，有气泡要及时清除），胶液灌好后，在玻璃板上方反向插入鲨鱼齿梳。

6) 聚胶：在室温下让凝胶聚合 1～2 h。

7) 配制电极缓冲液：配制 400 mL 电泳上槽液（0.5×TBE）及 400 mL 电泳下槽液（1×TBE:3 mol/L NaAc=2:1）。

8) 安装电泳槽：去掉封口的胶带以及玻璃板两边的夹子，小心拔下梳子，然后正向插入鲨鱼齿梳，将胶板用夹子固定在电泳槽上（有凹面的玻璃朝向电泳槽），将缓冲液分别加入到上下电泳槽中。接通电源（注意：负极接上槽，正极接下槽），300 V 预电泳 10 min。

(2) 加样及电泳。非变性聚丙烯酰胺凝胶电泳应先在 DNA 扩增产物中加入适量的 6×非变性加样缓冲液，混匀后上样（注意：加样前，先冲洗鲨鱼齿梳孔内残留的碎胶，并去除气泡。加样尽量快些，以免样品扩散）。加样完成，以 450～500 V 恒电压电泳 2～3 h，待二甲苯青指示剂电泳至合适的位置（离下槽缓冲液 5 cm 左右）后停止电泳。

(3) 染色。取胶，小心掀开玻璃板，移去间隔垫片。银染法显色：将凝胶小心移入一托盘内，10% 乙醇固定 5～10 min→蒸馏水清洗 1 次→1% HNO_3 浸泡 1～2 min→蒸馏水清洗 1 次→银染色约 15 min→蒸馏水清洗 1 次→显色液显色，至出现清晰 DNA 产物带型→10% 醋酸停显→加入清水，将凝胶转移至白色滤纸，用保鲜膜包好，放入 56 ℃ 温箱中烤干（注意：每个步骤都要让凝胶充分浸泡在液体中，并轻轻摇晃）。

【注意事项】

(1) 除电泳的注意事项外，银染显色时，不要过头，否则条带不清晰。

(2) 取胶、染色各步骤要小心，因为凝胶容易破裂。

(3) 除显色剂外，其他银染色试剂可以回收重复使用。

实验九 RFLP分析技术——Southern印迹法（选做）

【原理】限制性内切酶识别双链DNA分子的特定序列，并在特定位点将DNA切开，形成长度不等的限制性片段。不同个体间DNA的核苷酸顺序不同，而DNA的特异性切点分布不同，从而经限制性内切酶酶切后产生不同长度的限制片段。这些长度不等的片段通过凝胶电泳而分离开来，用分子探针杂交和放射自显影技术显影，得到不同长度条带的多态性图谱。

【试剂】

(1) 限制性内切酶（$BamH\ I$，$EcoR\ I$，$Hind\ III$，$Xba\ I$等）及10×酶切缓冲液（市售）。

(2) 5×TBE电泳缓冲液。

(3) 变性液：含0.5 mol/L NaOH和1.5 mol/L NaCl。

(4) 中和液：含1 mol/L Tris-HCl（pH=7.5）和1.5 mol/L NaCl。

(5) 10×SSC（saline sodium citrate）缓冲液。配制20×SSC：准确称取175.2 g氯化钠，准确称取88.2 g二水柠檬酸钠（$C_6H_5Na_3O_7 \cdot 2H_2O$），溶解于800 mL去离子水中，加入数滴10 mol/L氢氧化钠溶液调节pH至7.0，加去离子水定容至1 L。将20×SSC稀释1倍，即为10×SSC。

(6) 其他试剂：0.4 mol/L NaOH，0.2 mol/L Tris-HCl，2×SSC（pH=7.5），ddH_2O，琼脂糖0.8%，0.25 mol/L HCl。

【操作】

(1) 大片段DNA酶切。

1) 大片段DNA的提取见本书实验二，要求提取的DNA长度大于50 kb，没有降解。

2) 在50 μL反应体系中进行酶切：基因组DNA 5 μg，10×酶切缓冲液5 μL，限制性内切酶（任意一种）20 U，加ddH_2O至50 μL。

3) 轻微振荡混匀，离心，37 ℃反应过夜。

4) 取5 μL反应液，用0.8%琼脂糖凝胶电泳，观察酶切反应，彻底酶切不应有>30 kb的明显条带出现。

(2) 电转：将DNA片段转移到固体支持物[如硝酸纤维素膜（NC膜）]上。

(3) 预杂交滤膜，掩盖滤膜上非特异性位点。

(4) 进行探针杂交，然后漂洗除去非特异性结合的探针。

(5) 通过显影检查目的DNA所在的位置。

【注意事项】

(1) RFLP分析对样品纯度要求较高，样品用量较大，且RFLP多态信息含量低，多态性水平过分依赖于限制性内切酶的种类和数量，加之RFLP分析技术步骤烦琐、工作量大、成本较高，所以其应用受到了一定的限制。

(2) 未经酶切的DNA要防止发生降解。

(3) 如用一种限制性内切酶酶切出的片段没有多态性，可以试用另一种酶。

(4) 确保酶切要完全彻底。

(5) 步骤(2)至(5)详细操作参见分子生物学实验相关内容。

实验十　SNP 分析技术（选做）

（一）经典的 SNP 分析技术

经典的 SNP 多态性分析技术主要有：PCR-RFLP、单链构象多态性法 PCR-SSCP、DGGE、等位基因特异性 PCR（allele specific PCR，ASPCR）等。

1. PCR-RFLP 法

【原理】利用两种或两种以上的限制性内切酶作用于同一 DNA 片断，如果存在 SNP 位点，酶切片断的长度和数量则会出现差异，根据电泳的结果就可以判断是否 SNP 位点。

【试剂及操作】同实验九。

2. PCR-SSCP 法

【原理】核酸二级结构不同，在电场中电泳的迁移率也不同。而二级结构的形成与其碱基的组成相关，即使单个碱基的改变也会影响其链的空间构象，导致其在凝胶上迁移速度的改变。短的单链 DNA 和 RNA 分子依其单碱基序列的不同，在非变性聚丙烯酰胺凝胶上电泳迁移速率的不同，出现不同的电泳条带而检测 SNP。

【试剂】同实验八。

【操作】

（1）PCR 扩增特异性片段。

（2）电泳及染色：同实验八。

【注意事项】

（1）注意每次电泳条件（如温度、电压、时间）的一致，保证每次实验结果的可重复性。

（2）此法只能检测较短核酸片段的 SNP 多态性，片段过长（>400 bp）效果较差。

（3）SSCP 检测核酸片段多态性，不是根据分子量和电荷原理，而是根据单链结构差异来分离片段，故电泳胶要足够长，需达到方法学的检测限度。

3. DGGE 法

【原理】长度相同的双链 DNA 片段解链温度不同，在梯度变性胶中 DNA 片段的迁移率不同。当电泳开始时，DNA 在胶中的迁移速率仅与分子大小有关，而当 DNA 移动到某一点，即 DNA 变性浓度位置时，DNA 双链开始分开，迁移率大大降低。当迁移阻力与电场力平衡时，DNA 片段在凝胶中基本不移动。由于不同的 DNA 片段的碱基组成有差异，使得其变性条件不同，从而在凝胶上形成不同的条带。

【试剂】

（1）50×TAE 缓冲液。

（2）丙烯酰胺贮存液：40%丙烯酰胺（丙烯酰胺:双丙烯酰胺 =38:2）。

（3）过硫酸铵贮存液（10%）：1 g 过硫酸铵加水至 10 mL。

（4）TEMED（N，N，N′，N′-四甲基乙二胺）。

（5）变性剂贮存液（0%）：6%丙烯酰胺 TAE 溶液。

配制（250 mL）：取 37.5 mL 丙烯酰胺贮存液，5 mL 50×TAE 缓冲液，加水至 250 mL，过滤和排气。

(6) 变性剂贮存液（100%）：6% 丙烯酰胺，7 mol/L 尿素，40% 甲醛 TAE 溶液。配制（250 mL）：37.5 mL 丙烯酰胺贮存液，5 mL 50×TAE 缓冲液，105 g 尿素，100 mL 甲醛，加水至 250 mL，过滤并排气。

(7) 染料：40%（W/V）蔗糖，0.25% 溴酚蓝，0.25% 二甲苯青，30% 甘油。

【操作】

(1) 制备平行胶。平行胶中从上至下变性剂的浓度递增。

1) 与制备标准聚丙烯酰胺凝胶一样制备胶板。

2) 从丙烯酰胺和两种变性剂贮存液中取 2 份等体积溶液，配制成符合要求的变性剂浓度。溶液的总体积一般为刚好覆盖胶板。丙烯酰胺的浓度取决于 DNA 片段的大小，DNA 片段大小为 ≥300 bp，丙烯酰胺的浓度为 6%，而 DNA 片段长度 <300 bp，丙烯酰胺的浓度为 12%。

3) 加高浓度变性剂溶液到梯度生成器右槽中（该溶液将首先通过梯度合成器进入胶板间的空隙），打开连接梯度生成器两端的开关，让一些溶液流入左槽内，关上开关，用吸管把它们移回到右槽（目的是确保两槽之间无气泡的阻隔）。然后把低浓度变性剂溶液加到梯度生成器左槽中。

4) 搅拌这两个槽中溶液的同时，向其中加入 4.5 μL 10% 过硫酸铵和 1 μL 的 TEMED。

5) 轻轻打开两槽之间的开关及梯度生成器出口的开关，灌胶；灌胶时，两槽内的溶液应不断搅拌（特别是溶液浓度高的更应搅拌），溶液受重力影响通过一个放在两块玻璃板之间的顶部的细塑料管流过梯度生成器。流速应保持一定大小，以保证溶液在凝聚之前所有溶液都注入两层玻璃板之间（凝聚速度可通过调整过硫酸铵和 TEMED 的浓度来调节）。

6) 胶板充满后，在其顶部插入梳子并将其放平，凝聚至少 30 min（灌胶后的板可于 4 ℃贮存几天）。

(2) 制备垂直胶。垂直胶含有丙烯酰胺的浓度是固定的，垂直于电泳方向有一个线性递增的变性剂梯度。这种胶适用于确定分离含有核苷酸改变的 DNA 片段的最佳梯度范围。垂直胶的制备大体相似于平行胶的制备，但也有所不同：

1) 垂直胶的制备方法同标准的聚丙烯酰胺凝胶制备胶板，但其不插入梳子。

2) 准备一块比梳子稍短的涂上润滑剂的间隔片插放在梳子的位置，位置稍突出一些，在左边留下一个缺口。用夹子夹紧这一边，把胶板旋转 90°，将和缺口相连的这一面转到最上面了。胶液将通过该缺口进入两玻璃板之间进行灌胶。

3) 胶完全凝固之后，将胶板垂直立起，轻轻移出胶顶部的间隔片。胶的顶部就会出现大而平的孔，可以进行电泳。

(3) DNA 电泳（平行或垂直 DGGE 的步骤是相同的）。

1) 移去顶部间隔片或梳子之后，将相关设备和胶移至含有加热到 60 ℃的缓冲液的电泳槽内，使缓冲液刚刚没过胶上的加样孔。

2) 连上蠕动泵以使缓冲液能从槽内流至顶部槽内（阴极）。之后缓冲液漫过框架边缘的小孔重新流回槽内（顶槽缓冲液循环是必需的，目的是避免电泳过程中 pH 的显著增加和离子强度的改变）。

3）对垂直胶电泳，向加样孔中加入 100 μL PCR 样品（其中包括 20 μL 加样染料）；而对平行胶电泳，每个加样孔中加入 15～20 μL 样品。

4）对垂直胶按照凝胶宽度在顶槽内放置石墨电极，并根据片段的大小在 150～350 V 电压下电泳 3～15 h。在平行胶上，250 V 电泳 5 h 可使 300 bp 的片段移到凝胶的 1/3 处。

5）用 0.5 μg/mL 溴化乙锭染色并观察结果。

【注意事项】

（1）在胶混合和灌注时，应避免产生气泡。

（2）有时聚丙烯酰胺凝胶的左侧会出现缩水现象，以致在胶的顶部到底部会产生空气通道，可用熔化的 2% 琼脂糖凝胶将其充满。

（3）所有溶液应置于棕色瓶中，4 ℃ 保存。一般几个月到 1 年内有效。

（4）电泳时凝胶温度必须保持恒定，可把胶板浸没于充分搅拌的温控缓冲液槽内。

（5）本法灵敏度较高，但所需时间较长。

4. ASPCR 法

【原理】根据 SNP 位点设计特异引物，其中一条链（特异链）的 3′末端与 SNP 位点的碱基互补（或相同），另一条链（普通链）按常规方法进行设计，用 ASPCR 技术扩增这个 SNP 标记。特异引物在具有这种 SNP 多态性位点的基因型中有扩增产物，在没有该多态性位点的基因型中没有扩增产物，经凝胶电泳分离扩增产物，从而确定 SNP 的基因型。

【试剂】

（1）特异性引物：根据位点多态性设计，3′末端必须与 SNP 多态性碱基配对。

（2）PCR 其他试剂。

（3）琼脂糖凝胶电泳试剂。

【操作】

（1）DNA 提取。

（2）PCR 扩增特异性产物。

（3）产物电泳，同琼脂糖凝胶电泳。

（4）EB 染色，观察结果。

此外，SNP 检测传统方法还有焦磷酸测序（pyrosequencing）和微测序（SNaPshot）技术，此不赘述。

（二）SNP 高通量检测技术

SNP 快速、高通量检测技术主要有：DNA 测序法、DNA 芯片检测、飞行时间质谱仪（MALDI-TOFMS）检测、变性高效液相色谱（DHPLC）法等。

1. DNA 测序法

对不同个体同一基因或基因片段进行测序和序列比较，以确定所研究基因碱基序列的异同，得到 SNP 的类型及其准确位置等 SNP 分型参数，其检出率可达 100%。

DNA 测序的方法详参见本书实验十五。

2. DNA 芯片检测

将特定 SNP 位点序列制备成探针，并固定在特殊的载体上，制成芯片。提取待测样品 DNA，经荧光标记 PCR 扩增，再与固定好探针的芯片进行杂交。检测杂交荧光信号，根据检出的荧光强度和种类，分析待测样品中 SNP 的种类和数量。基因芯片具有信息量大和自动化程度高的优点。但芯片造价高昂，所需设备也贵重。

市场上有大量 SNP 检测芯片可供选用，如 Affymetrix 公司发布了 Genome-wide SNP 6.0 芯片，包括 90 多万个用于 SNP 检测的探针。

3. MALDI-TOFMS 检测

【原理】气体分子或固体、液体的蒸气受到一定能量的电子流轰击或强电场作用，丢失价电子生成分子离子；同时，化学键也发生某些有规律的裂解，生成各种碎片离子。这些带正电荷的离子在电场和磁场的作用下，按质荷比（m/e）的大小分开，排列成谱，记录下来即为质谱（mass spectroscopy）。

【方法】质谱仪一般由样品导入系统、离子源、质量分析器、检测器、数据处理系统等部分组成。质谱工作流程为：

离子源 → 带电荷 → 电场加速 → 磁场分离 → 检测记录
（轰击样品）（离子碎片）（获得动能）（m/e）（质谱图）

[应用与注意事项]

以基质辅助激光解析电离（matrix-assisted laser desorption ionization，MALDI）为代表的质谱分析技术具有高灵敏度和高质量检测范围，使得在 fmol（10^{-15}）乃至 amol（10^{-18}）水平检测分子量高达几十万的生物大分子成为可能，从而开拓了质谱学一个崭新的领域——生物质谱，促使质谱技术在生命科学领域获得广泛应用和发展。

目前，生物质谱已经实现对数十个碱基寡核苷酸的分子量和序列测定，此技术可用于天然或人工合成寡核苷酸的质量控制。生物质谱可准确地测定分子量，从而可确定 SNP 与突变前多态性片段分子量的差异，如碱基由 A 突变为 C 后，SNP 分子量减少 24.025，突变为 G 时，增加 15.999，由分子量的变化可推定突变方式。另一种快速而经济的方法是利用目前不断成熟的 DNA 芯片技术和质谱检测相结合，将杂交至固定化 DNA 阵列上的引物进行 PCR 扩增后，直接用质谱对芯片上 SNP 进行检测，该法将所需样品的体积由微升减至纳升，且有利于自动化和高通量的测定。法医学有应用液相电喷雾离子电离质谱（LC-ESI-MS）对 DNA 中 STR 和 SNP 遗传标记进行检测的报道。

4. DHPLC 检测

【原理】DHPLC 是利用 DNA 构型改变检测基因突变和遗传多态性的方法之一，它可以检测单核苷酸多态、STR 多态性和可遗传的突变。如图 3-1。

【方法】实验主要过程包括 PCR 扩增待测和正常 DNA 样品，将扩增产物变性后，再混在一起复性，若存在突变，在这一复性过程中可形成异源双链。在部分变性条件下，高压液相色谱分析可以有效地区分由变异碱基与正常碱基形成的异源 DNA 双链和正常 DNA 双链。

【操作】

(1) 设定分离柱的温度：对于部分变性的温度，导入所要检测的 DNA 序列，WAVE 系统中的 WAVE Maker 软件可根据 DNA 片段序列预测出柱温。对于 dsDNA 片段大小、微卫星及 mRNA 的定量分析，直接采用 50 ℃ 的分离柱温度检测效果理想。对于 RNA 和 Oligo 的检测分析，80 ℃ 的分离柱温度更合适，不需要找软件分析处理。

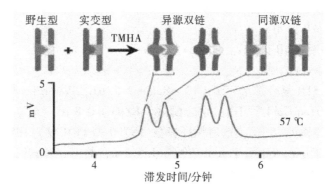

图 3-1 DHPLC 检测 STR 多态性原理示意

(2) 设定流动相 A 液和 B 液的组成：A 液含 0.1 mol/L 的三乙胺-醋酸缓冲液（TEAA）、0.1 mol/L 的 EDTA、0.1% 的乙腈。B 液含 25% 乙腈、0.1 mol/L 的 TEAA、0.1 mol/L 的 EDTA，运行时 A 液与 B 液的配合比例则视检测的目的不同而有所不同。

(3) 设定紫外检测器的波长：通常为 260 nm。

(4) 设定自动加样器的取样样本编号、进样量等参数。

(5) 编辑将运行的程序名称并存盘。

(6) 指定实验结果储存的文件夹及命名文件名等。

[应用与注意事项]

由于 DHPLC 的分辨率可达到 1 bp/kb，而且操作过程可以全部程序化、大规模化和自动化，使得实验时间大大缩短，实验准确率提高，可作为大群体、任何基因突变初筛的有力手段，比 SSCP 有更多的优越性，具有广泛的应用前景，许多工作都已经证实了 DHPLC 的敏感性、有效性和准确性。

DHPLC 在法医学具有广泛的应用价值，如 SNP 多态性分析、STR 片段大小分析、mRNA 多态性分析。

DHPLC 检测突变或 DNA 多态性对 PCR 要求高；不能直接检测出纯合突变，只能提供个体样本有无突变的信息，无法得出具体的突变类型；无法检测多个片段的多态性，由于每个片段的解链温度不同，需要多步检测，比较费时。

五、自动化遗传分析仪及复合扩增技术

实验十一　STR 荧光复合扩增试剂盒扩增

【原理】多基因座复合扩增体系是采用 3~6 种荧光染料分别标记不同的 STR 基因座引物，同一种荧光染料标记的 STR 基因座扩增产物分子量大小不相同。经 PCR 扩增，得到数十倍放大量级的等位基因产物。

【试剂】

(1) 复合扩增试剂盒（以 PowerPlex® 16 为例，Promega 公司）。

(2) pop4 胶（AB 公司）。

(3) 甲酰胺（AB 公司）。

(4) 电泳缓冲液（AB 公司）。

【操作】扩增体系：

多色荧光标记 STR 复合扩增：STR 10×Buffer 2.5 μL；PowerPlex ® 16 10×Primer Pair Mix 2.5 μL；AmpliTaq Gold ® DNA 聚合酶（5 U/μL）0.8 μL（4U）；模板 DNA 0.5～1.0 ng；纯水至总体积为 25 μL。重启循环参数（9700 型 PCR 仪）：95 ℃ 11 min，96 ℃ 2 min；然后 94 ℃ 1 min，60 ℃ 1 min，70 ℃ 1.5 min，共 10 个循环；之后 90 ℃ 1 min，60 ℃ 1 min，70 ℃ 1.5 min，共 18～22 个循环。

【注意事项】

(1) 所用试剂应按照日常用量分装保存，避免反复冻融。

(2) 模板 DNA 用量应根据提取 DNA 浓度进行调整，一般相对荧光强度（relative fluorescence unit，RFU）在 1 000～3 000 范围内较佳。

(3) 扩增体系和循环参数可根据实验室要求进行适当调整，如体系可改为 10 μL，退火或延伸温度、循环次数也可作调整。

(4) 目前用于复合扩增的试剂盒种类许多，如 AmpF STR ® Sinofiler、Identifiler、minifiler、Powerplex ® Y、Investigator Argus X-12 等，实验室可以根据需要选用。

实验十二　3500XL 遗传分析仪（示教）

【原理】用 DNA 遗传分析仪（3500XL）进行电泳分离扩增产物、荧光标记的分子量内标和等位基因 Ladder，电泳图谱用 STR 分型软件（Gene Mapper ID）进行分析，得到各基因座的等位基因和基因型。

【试剂】

(1) pop4 胶。

(2) 甲酰胺。

(3) 电泳缓冲液（阴极和阳极）。

(4) 分子量内标：如 ILS600。

(5) 等位基因 Ladder。

【操作】

(1) 扩增产物电泳前处理。取 0.3～1.0 μL ILS600，9.0～9.7 μL 去离子甲酰胺，1.0 μL 复合扩增产物混合，转移至 96 孔板，将样品在 95 ℃ 变性 3 min，立即放在冰上冷却 3 min。

(2) 毛细管电泳分离 STR 片段，激光诱导的荧光检测，由遗传分析仪检测并存储数据。

3100 或 3500 运行模式设置：Oven Temperature：60 ℃；Run Voltage：15.0 kV；Pre-Run Voltage：15.0 kV；Injection Voltage：1.0 kV；Run Time：1500 s；PreRun Time：180 s；Injection Time：13 s；Data Delay Time：1 s。

(3) 自动数据采集并分型。仪器收集荧光信号，分离不同颜色荧光标记的产物，计算片段大小，确定各个基因座的等位基因和基因分型。

以 GeneMapper ID 为例进行分型分析：Analysis Method：powerplex16_ Advanced；Panel：powerplex_ 16_ vJ2；Size Standard：ILS600。

【注意事项】
（1）电泳参数根据仪器不同，可以进行调整和优化。
（2）注意及时更换遗传分析仪的试剂（如缓冲液）和耗材（如毛细管）；定期维护和校准设备。
（3）注意及时备份、刻录和转移遗传分析仪中的数据。
（4）甲酰胺试剂应该保存在 -20 ℃，最好分装，将近期要用的保存在 -4 ℃，避免反复冻融。
（5）拆装毛细管要小心，以免损伤毛细管。

六、亲子鉴定和个体识别的相关计算

实验十三 亲子鉴定试验及亲权指数计算

【原理】 根据亲权指数（paternity index，PI）计算公式 $PI = X/Y$（X：提供生父基因男子是孩子生物学父亲的概率；Y：随机男子作为生父应提供所需基因的概率）计算出被检个体是孩子真正生父的可能性。也可将 PI 转化成父权概率（paternity probability），以百分率来表示争议父是孩子真正父亲的可能性，更容易理解，通常用 W 值 $[W = PI/(PI+1)]$ 表示（前概率为0.5）。对于多基因复合扩增系统还应该计算累积 PI 值（PI_c）。

$$PI_c = PI_1 \cdot PI_2 \cdot PI_3 \cdots PI_n$$

[实例计算]
计算表 3-6 中标准三联体家庭亲权指数和父权概率（群体资料查阅附录四，下同）

表 3-6 三联体家庭亲权指数和父权概率计算练习表

样本编号 基因座	争议父	母亲	孩子	计算式	PI
D3S1358	15, 16	15, 16	15, 16	1/(p+q)	1.542020
TH01	7, 9	7, 9	9	1/2p	1.071123
D21S11	9, 11	11, 13	9, 13		
D18S51	14	13, 15	14, 15		
PentaD	9, 10	9, 12	10, 12		
D5S818	11, 12	10, 12	10, 11		
D13S317	8, 10	10, 11	8, 11		
D7S820	11, 12	11	11		
D16S539	9, 11	9, 12	9		

续表 3-6

样本编号 基因座	争议父	母亲	孩子	计算式	PI
CSF1PO	11, 12	10, 11	10, 12		
Penta E	11, 12	11	11, 12		
vWA	17, 18	14, 18	14, 17		
D8S1179	13, 14	12, 13	13		
TPOX	8, 9	8, 11	8, 9		
FGA	15, 17	13, 15	13, 15		
累积 PI					

实验十四 个体识别试验及似然率计算

【原理】 某个体（如嫌疑人或受害者）经 DNA 分析被认定为这个个体（嫌疑人或受害者）的概率与随机个体进行同一分析被认定为这个个体（嫌疑人或受害者）的概率之比，可用贝叶斯定理（Bayes' theorem）表示为：

$$P(A \mid B) = \frac{P(A \mid B)P(A)}{P(B)}$$

对贝叶斯定理推广到更一般情况：

$$P(A_i \mid B) = \frac{P(B \mid A_i)P(A_i)}{\sum_j P(B \mid A_j)P(A_j)}$$

具体到法医物证检验应用中，2 个个体识别的最简单形式概括为：

$$LR \text{ (liccelihood ratio)} = \frac{1}{P_i P_j},$$

P_i 和 P_j 是嫌疑人或待鉴定人的第 i 和 j 等位基因频率。对于多个体识别案例的计算在此不赘述。

[实例计算] 计算表 3-7 中 2 份检材 STR 分型法均为基因型频率及似然率。

表 3-7 个体识别基因型频率及似然率计算练习表

样本编号 基因座	1	2	公式	基因型频率
D19S433	13, 14	13, 14	$2P_i P_j$	0.13325
D5S818	10, 12	10, 12		
D21S11	29, 32.2	29, 32.2		
D18S51	14, 15	14, 15		
D6S1043	14, 18	14, 18		
D3S1358	16, 17	16, 17		

续表 3-7

样本编号 基因座	1	2	公式	基因型频率
D13S317	9, 11	9, 11		
D7S820	12	12	P_i^2	0.04691
D16S539	9, 12	9, 12		
CSF1PO	11, 13	11, 13		
Penta D	9, 11	9, 11		
Amel	X, Y	X, Y		
vWA	14, 17	14, 17		
D8S1179	10, 13	10, 13		
TPOX	8, 11	8, 11		
Penta E	11, 18	11, 18		
TH01	6, 9	6, 9		
D12S391	18, 20	18, 20		
D2S1338	20, 23	20, 23		
FGA	21, 25	21, 25		
匹配概率			$CP(X)$	= 基因型频率的乘积
似然率			$LR = 1/CP(X)$	

列出表 3-6、3-7 中其他计算公式并计算 PI 值、基因型频率及其他相关法医学参数（如亲权概率、非父排除率、LR 等）（拓展）。

七、线粒体 DNA 多态性分析技术及注意事项

（一）高变区特异性 PCR-测序法

实验十五　线粒体高变区扩增及测序（选做）

【原理】根据线粒体 DNA（mt DNA）高变区序列设计特异性引物，进行 PCR 扩增该高变区序列。

【试剂】
(1) 常规 PCR 扩增试剂：缓冲液、dNTP、$MgCl_2$、*Taq* DNA 聚合酶等。
(2) 引物：见附录二。
(3) 引物溶液：引物根据合成时浓度按照扩增要求溶解并稀释。
(4) 70% 乙醇、无水乙醇（AR）。
(4) 异丙醇（AR）。

(5) 测序试剂盒 Big Dye Terminator Cycle Sequencing Kit（AB 公司）。
(6) POP4 胶、电泳缓冲液（AB 公司）。

【操作】

(1) mtDNA PCR 扩增及产物的纯化。

PCR 循环参数：95 ℃ 5 min 预变性；94 ℃ 45 s，60 ℃ 1 min，72 ℃ 1 min，30 个循环。

PCR 扩增方案：25 μL 反应体积，1.5 mmol/L $MgCl_2$，0.2 mmol dNTP；0.5 μmol/L 引物；2 u *Taq* DNA 聚合酶。产物纯化用无水乙醇等体积混匀，放 15 min，12 000 r/min 离心 20 min，弃上清液，加 300 μL 70% 乙醇，12 000 r/min 离心 10 min。弃上清，待干，加 20 μL 水溶解，备用。

(2) 循环测序方案及产物的纯化。

PCR 循环参数：98 ℃ 2 min 预变性；98 ℃ 10 s，50 ℃ 5 s，60 ℃ 4 min，30 个循环。

PCR 扩增方案：20 μL 反应体积中含 Mix 4 μL、buffer 4 μL、引物（单链）2 μL、模板 3 μL、纯水至 20 μL。产物纯化用 80 μL 75% 异丙醇混匀，放 15 min，12 000 r/min 离心 30 min，弃上清，加 200 μL 75% 异丙醇，12 000 r/min 离心 10 min，弃上清液，待干。加 2 μL 上样缓冲液溶解，备用。

若获得的检材较少，PCR 扩增可采用二步扩增法，首先扩增非编码区约 1 kb mtDNA 分子，含 HV 区。然后以第一次扩增的产物为模板，分别对 HV1、HV2 和 HV3 区进行扩增。若物证检材是高度降解的样品，可用小片段扩增策略（mini-primer set, MPS）对 HV 区分别用多对引物，扩增出多对互相重叠的包括 HV 区的 DNA 片段。

小片段扩增方案：25 μL 体积中含 2 μL 模板 DNA，1.0 U *Taq* DNA 聚合酶（Applied Biosystems, USA），2.5 μL 10 × buffer（Promega, USA），正、反向引物各 0.4 μmol/L。

循环参数：95 ℃ 11 min 预变性；95 ℃ 20 s，56 ℃ 20 s，72 ℃ 30 s，35 个循环；最后 72 ℃ 7 min。不同类型、不同质量的检材，其扩增条件还可以进行优化。

(3) 测序产物变性：95 ℃ 2 min 后，置于冰浴中 2 min。

(4) mtDNA 的测序。待测序 DNA 经过 PCR 扩增，产物经过 DNA 测序仪电泳分离，获得电泳分离原始数据；再利用 DNA 测序分析软件将这些原始数据（电脉冲信号）转化成 DNA 序列峰值图或序列。

1) 循环测序。循环测序反应（cycle sequencing）类似于 PCR 反应，将循环测序管放入 PCR 仪，经变性（denaturalization）、退火（annealing）、延伸（extension），循环 25～30 次，得到测序的产物。但它与 PCR 反应有着本质的不同：①反应体系除 *Taq* DNA 聚合酶、dNTPs 缓冲液、模板和引物外，需加终止剂 ddNTPs，且引物不是 PCR 扩增时用的一对引物，而是用一条引物。②循环测序反应经过变性、退火和延伸，由于 ddNTP 的掺入，形成的是随机终止于 ddA、ddT、ddG 或 ddC 的大小不同的 DNA 片段。DNA 自动测序一般采用荧光标记的循环测序法。其原理是利用 Sanger 双脱氧末端终止法、循环测序和荧光标记 3 种技术的结合。

循环测序的优点是：①简单、易操作。②由于变性，原先的模板与产物分离，再作为测序模板，因此所需模板 DNA 量少，一般只需要 3～10 ng PCR 产物。③循环测序经 95～96 ℃ 高温变性，可减少模板的二级结构，使延伸反应更充分。④同一方法适合于双链及单链 DNA 测序。⑤PCR 产物可直接测序，效果好。

2）测序结果分析。利用遗传分析仪及分析软件 Sequence Analysis 等进行测序和结果分析。序列分析结果可以凝胶电泳图谱、荧光吸收峰图谱或碱基顺序序列谱等多种形式读出。法医检案时，需用一个已知序列的个体样本（血或唾液）同时进行 mtDNA 分析，并设立阴性对照。首先评估每个凝胶电泳图谱、荧光吸收峰图谱是否能进行序列分析。将所得样本的 mtDNA 序列（轻链序列）输入比较程序（sequence navigator），与参考序列比较。

【注意事项】

（1）测序样品的纯度、质量均影响测序结果，故用于测序的 PCR 产物必须纯化，否则测序结果不好。

（2）PCR 扩增产物最好用去离子水或三蒸水溶解 DNA，不要用 TE 缓冲液溶解。

（3）BigDye 荧光标记终止底物循环测序试剂盒一般可测 DNA 的长度为 650 bp 左右。更长片段需要更换毛细管等耗材和试剂。

（二）mtDNA 其他分析方法

1. DHPLC 法

DNA 分子在高温条件下发生变性，降低温度后复性。若溶液中只有 1 种 DNA 片段，复性后生成一条同源双链（homo-duplex）DNA，经过色谱分析产生一个单独的峰；若溶液中存在 2 种 DNA 片段（它们之间具有 1 个以上的碱基不同），经变性复性后，则会产生同源双链及异源双链（hetero-duplex）DNA 分子。不同的双链 DNA 经过色谱柱时的滞留时间不同，因而会产生 1 个或 2 个以上的吸收峰。此方法用于 mtDNA 异质性、突变、多态性筛查、混合样品鉴定时，具有快速分析的优点。在区分异质性的基础上，可用于法医学 mtDNA 多态性和混合样品的分析。

2. RFLP 法

RFLP 分析技术是基于 mtDNA 突变而导致限制性内切酶识别的位点改变，如原有的一些酶切位点消失，产生一些新的酶切位点，这样，当不同个体的 mtDNA 用同一种限制性内切酶进行酶切，就会产生不同的酶切片段。1984 年，R. L. Cann 等报告了用 12 种限制性内切酶对 112 个个体的 mtDNA 进行酶切分析，发现 163 个多态性位点。1997 年，C. Y. Pai 等（1997 年）先用 1 对引物在非编码区扩增出 2 个 DNA 段，分别为 281 bp 和 237 bp，再用酶切的方法，显示中国人有 52 种 mtDNA 类型，具高度多态性。

3. SSO 杂交法

序列特异寡核苷酸探针技术（sequence specific oligo-nucleotide probes，SSO）是根据 mtDNA 序列的差异，设计一系列特异性寡核苷酸标记探针，检测 mtDNA 变异的杂交技术。先设计一段 15～20 bp 的探针，其中包括多态性位点，当与固定在膜上的 DNA 样品（经酶切产物或 PCR 产物）杂交时，由于在 20 bp 中一个碱基的差异会导致 T_m 值下降 5.0～7.5 ℃，因此，通过严格的杂交条件，如杂交液的离子强度、杂交温度，可鉴定 mtDNA 样品中是否存在多态性位点，检测可采用放射性同位素或荧光素免疫检测系统。此外，亦可用反向斑点杂交法进行检测，即通过固定化的 SSO 探针对 mtDNA 变异序列进行分析。

4. SSCP 分析法

SSCP 是指 DNA 分子一级结构（多脱氧核苷酸链）在一定条件会形成二级结构，此二级结构与 DNA 一级结构密切相关，即使是一个碱基的不同，也会形成不同的二级结构，并在非变性的聚丙烯酰胺凝胶电泳条件下，电泳迁移率不同。此方法的特点是快速、简便、适合于法医检验方法的要求，但此方法只能检出小片段 DNA（<300 bp），且容易造成漏检。

此外，DGGE、序列特异性 PCR（sequence-specific PCR）、MALDI-TOF-MS 法均有用于 mtDNA 多态性分析的报道。

（三）mtDNA 序列分析的应用及相关问题

1. mtDNA 序列分析在法医学应用

（1）在种属鉴定中的作用。线粒体基因组结构在脊椎动物十分保守，为 15.7～19.5 kb，均为闭合环状分子，基因排列十分紧密。然而，整个生物学界线粒体基因组的大小、结构还是有很大差异的。如 mtDNA 分子大小：猪为 16.5 kb，非编码区占 6%；牛为 16 338 bp；小鼠为 16 295 bp。mtDNA 结构：四膜虫具有线状 mtDNA；植物 mtDNA 有多环、线性的结构。以上这些均说明 mtDNA 存在种属差异，利用 mtDNA 的酶切和序列分析可进行 mtDNA 种属鉴定，特别是对非编码区序列分析。

（2）非编码区在人类个体认定上的应用。人类 mtDNA 位于细胞的线粒体中，是细胞核外唯一存在的 DNA，其控制区（约 1 125 bp）含有高变区，即 HV1、HV2 和 HV3，无关个体的 mtDNA 在此区域存在大量的碱基差异，可以用于法医个体认定，尤其是一些特殊检材案例的鉴定。

（3）在亲缘关系鉴定上的应用。由于线粒体 DNA 遗传特性不同，可以用于某些亲缘关系的鉴定，特别是在一些特殊案例（如母系亲权）鉴定中，辅助核 DNA 鉴定。

在法庭科学领域，尽管 mtDNA 分析检测时间长、个体识别率低，但前面所述的 mtDNA 的特点可以弥补其不足。在欧洲和北美一些国家中，mtDNA 的序列结果已可以作为证据在法庭出示。

2. mtDNA 应用的局限性

作为法医 DNA 分析的一个遗传标记，mtDNA 有其局限性。

（1）个体识别率低。mtDNA 为母系遗传，即同一母系的所有个体理论上具有相同的序列。因此，mtDNA 不能作为绝对个人认定的遗传标记。事实上，mtDNA 序列分析无法达到核 DNA 分型系统那样高的个体识别率。正因为如此，mtDNA 分析多用于核 DNA 分型无法进行或失败的样品。mtDNA 序列分析一般用于下列样品：①无毛囊附着的脱落毛发；②毛干；③骨骼、牙齿或指甲样本；④核 DNA 分型失败的各种样本；⑤遗骸、木乃伊等存旧样品。对于带毛囊的毛发，可将发根与毛干分开，进行发根总 DNA 抽取（包含核 DNA 和 mtDNA），首先进行核 DNA 分型，如果由于核 DNA 量少或降解，可进行 mtDNA 分析，而毛干只能进行 mtDNA 分析。

（2）序列变异未完全弄清。目前，已报道的人类 mtDNA 变异序列数据尚少，有 2/3 新报道的 mtDNA 序列是新的，所以人类群体中的所有 mtDNA 序列的变异情况远未搞清楚。

(3）操作要求严格且耗时。值得注意的是，mtDNA 序列分析在法医 DNA 分析中操作要求最严格且耗时。国外有实验室报道，一般每个月每个技术员做 1～2 个案例。

(4）mtDNA 序列分析结果比对后，如何下结论，目前国内外还没有一个通用标准，也导致其应用受到限制。

3. mtDNA 序列分析中两大主要问题

（1）污染。mtDNA 测序所用的法医学检材多暴露在不同环境下一定时间，如浸泡入水中、土埋、焚烧等；骨碎块、牙齿、毛发等的 DNA 含量少，通常需多次扩增，易受污染。污染主要来源于：检材被环境污染、实验室处理检材时样本的交叉污染、实验室中 PCR 产物对样本的污染。

（2）mtDNA 异质性。mtDNA 异质性产生的原因目前尚无定论。据报道：①mtDNA 较染色体 DNA 有更快的进化速度（有报道说是核 DNA 的 5～10 倍），其复制的错误率高于染色体 DNA。在能量代谢特别旺盛的一些组织，如肌肉组织，这种现象会更加明显。这是由于 mtDNA 是在细胞质内自行复制，因而每个细胞内 mtDNA 的拷贝数很多。②mtDNA 的 DNA 聚合酶没有 3′和 5′外切酶活性，没有校正功能，因而其复制的错误率较高。③也有认为异质性产生于碱基的替代事件（按经验报道为每 33 代或 33 次减数分裂就可以有 1 次核苷酸替换）。④mtDNA 异质性与遗传有关。目前认为，人体所有细胞（包括生殖细胞）内，均含 200～1 000 个拷贝的 mtDNA。如果卵母细胞在发育成熟的过程中，将其 mtDNA 毫无保留地传给卵子，那么其后代的 mtDNA 将会多得难以控制。但是，事实上，人类各群体中存在的 mtDNA 类型并不是变化莫测的，这是因为机体有一定的机制来控制 mtDNA 变异在世代间的传递水平，这就是所谓的"瓶颈理论"（bottleneck theory）。

异质性的存在，对依靠 mtDNA 序列分析进行个人认定时，会引发一些不确定的结论。有作者报道，同一个体不同的组织、不同年龄的个体异质性发生率不同，认为肌肉组织发生率最高，并且认为随着年龄的增大，异质性发生率增高。另有作者报道，同一个体不同的组织异质性水平变异范围很大，且对异质性遗传研究发现，同一母系不同个体如同胞、上代与下代之间异质性水平变异很大。因此，mtDNA 序列分析用于法医检案之前，有必要对异质性的现象及其规律进行深入研究，并依此制订在个体识别或亲缘关系鉴定时可以使用的判断标准。大量的研究表明，异质性的发生率比原来系统发生研究得出的推论更高，所有人群中都有个体存在着异质性，只是用当前一般的检验方法没有发现有许多异质性的现象。因此，目前这种检测不到的异质性一般不会造成解释结果混乱的现象。

4. 注意事项

根据 mtDNA 序列的特点，国际法庭遗传学会 DNA 委员会（DNA Commission of International Society for Forensic Genetics）对将 mtDNA 测序结果作为法庭证据时提出了下列注意事项。

（1）实验必须采取足够手段防污染，有许多操作与核 DNA 分析技术基本相同，核 DNA 操作的质量控制措施和其他需要注意的事项同样适用于线粒体 DNA 非编码区的分析。具体措施包括：指定专用的实验区、实验服，使用一次性器具（如手套，帽子或袖套）和专用移液器、吸嘴。一个实验室一次只能有一个案子或某一案件的一项物证被检测。在处理检材时，先处理未知样本，再处理已知样本，或两者在不同房间处理，如先处理现场提取的检材，再处理嫌疑人的样本。毛发、骨骼等样本应尽量清洗干净，有作者报道，对陈旧骨骼采用高压灭菌细砂纸磨去骨表面 0.5 mm 厚层，250 nm 紫外线照射 1 h，以清除外源性 DNA 污染。一定要在操作过程中设置没有 DNA 模板的阴性对照，进行污染监控。

空白对照和阴性对照（除了不加入模板 DNA、样品外，包含所有试剂）是控制污染普遍使用的方法。空白 mtRNA 提取对照样本可监控来自提取方面的污染，PCR 阴性对照可监控来自扩增过程中外源 DNA 的污染，这两种质控措施应当同时应用于一种物证检材的检测中。

（2）为了跟踪潜在的污染源，所有做线粒体 DNA 分析的实验人员应当预先做好线粒体 DNA 序列测定，并将结果保存在案。

（3）在确定 mtDNA 序列时必须重复 2 次分析，结果一致。同时必须轻重链双向测序，且 2 个方向的序列均相符。尽管单独的一次性分析能产生可靠结果，为了更好地消除可能污染的影响，有必要对同一物证检材由不同的操作者在不同实验室进行 2 次线粒体 DNA 分析。如果不能进行 2 次分析而选择一次分析时，应结合考虑案件物证的污染情况、证物的消耗程度、扩增的次数和控制条件，在相关条件的允许下，才能将检测结果形成结论。

（4）如果空白对照或 PCR 阴性对照样本产生了与证物相同的序列，分析结果不能接受，需要重新分析。如果两者之一产生了与证物样本不同的序列，应当根据案件的所有检测结果对这一情况进行解释，包括阳性对照和其他阴性对照、前后 2 次分析的结果、以及对物证样本相对有利的阴性结果等，最终形成检验结论。在所有实验中，阳性控制（已知 DNA 样本）必须得出准确的结果，否则，该次检测的所有结论不能被采用。

（5）在一般情况下，首先分析物证载体无明显污染的或无污染近似天然的样本。

5. 实验结果解释

解释 mtDNA 序列结果时，要与参照标准序列（Anderson）比对。若 2 个检测样本的序列明显不同，则可排除样本是来自同一个体。

如果 2 个样本的序列相同，则表示不能排除它们来自同一个体；若这 2 个样本又有相同的异质性，则增加了它们是来自同一个体证据的分量。

若 2 个样本的序列相同，但其中一个样本中观察到异质性，另一份样本中没有，则不能排除它们有共同的母系。

如果 2 个样本间只有 1 个核苷酸的差异，各自又没有异质性的证据，应定为"不能下结论"。

2 个样本间，不同的核苷酸数超过 1 个时，则倾向于排除其有共同母系。然而，尚需要考虑检测样本的组织来源，如取自同一个体的血液与毛发，这 2 种组织间 mtDNA 序列变异的机会大于 2 份血样本之间。因而，有时同是血液样本之间 1 个核苷酸的差异可以作为不是来自同一个体或有共同母系的证据。

尽管有关 mtDNA 突变率的知识不多，难以做出准确的估计，但在进行结果解释时仍需要考虑突变的可能性。一般而言，样本间序列差异的数量越大，来自同一个体或具有共同母系的机会就越小。

当 2 个样本的 mtDNA 分析结果不能排除来自同一个体时，需要给出作为证据概率的信息。这时可以在相关的数据库中找到该特殊序列频率，在考虑相关群体中可能存在的亚群结构（subpopulation）的基础上，经过抽样误差的校正，再行计算检测出的该特殊序列是数据库相关资料的倍数来进行解释，通常用似然率来表示。

若犯罪现场提取的样本与犯罪嫌疑人样本的 mtDNA 序列完全相同，则要计算该群体 2 个无关个体该种 mtDNA 序列的偶合率。有作者报道，同一个体不同组织或同一母系的不同个体 mtDNA 序列会有 1 个或 2 个碱基不同，也会有 3 个碱基不同，但很少见。认为其原因为体细胞突变、生殖细胞突变或异质性。因此，若 2 个样本的 mtDNA 序列只有 1 个或 2 个碱基的差异，不要轻易下排除结论，需提取犯罪嫌疑人的多根头发、唾液、血液等样品进行 mtDNA 序列测定，以排除异质性的可能。有作者提出 mtDNA 序列分析时，当次（肩）峰的峰高达主峰 40% 以上时，则表明有异质性。若 2 个样本在同一位置出现相同的异质性，即增加同一性认定的准确性。有的实验室规定 2 个样本有 6 个或 6 个以上碱基不同，则可排除 2 个样本来自同一个体。结果分析需由不同操作员重复操作，如结果一致，则可发报告；若两者结果不一致，需重新进行样本 DNA 抽提、PCR 扩增及测序。结果分析时需考虑疾病因素的影响，有些疾病如某些心肌疾病与 mtDNA 突变有关，应了解当事人的健康状况。

6. mtDNA 法医学应用前景和展望

mtDNA 由于自身的特点，在法医学鉴定领域已占有一席之地。现在，全世界已有 50 多个实验室将 mtDNA 序列分析用于检案。美国 FBI 实验室从 1996 年起运用 mtDNA 序列分析检案，至今，已完成检案上百例。另外，mtDNA 数据库增加很快，据估计 mtDNA 序列数量超过 1 000 个，今后一两年内将翻一番。但 mtDNA 序列分析在法医领域的应用仍处于不成熟期、应用相对较少。

为了更好地利用 mtDNA 多态性服务于法医物证检验，需在下列方面做出努力：

（1）mtDNA 数据库的建立。只有建立包含各种群体、各种 mtDNA 序列以及群体中异质性情况完整的数据库，人们才能对 mtDNA 的群体遗传规律了解更透彻，制定统一的结果判断标准，使 mtDNA 序列分析成为有价值的个体识别手段。

（2）虽然 mtDNA 母系遗传的特性已普遍为人们所接受，但从 mtDNA 序列水平，对不同母系 5 代或 5 代以上母系遗传的验证是必需的。

（3）增加 mtDNA 序列分析的个体识别率。目前，mtDNA 序列分析主要分析 HV1、HV2 和 HV3 区。在大多数案例中，这 3 个区的序列变异足以区别不同母系的个体，但也存在一种情况，即某种 mtDNA 类型在人群中常见，限制了 mtDNA 序列分析的个体识别率；有学者证明 HV1、HV2 和 HV3 区以外的 mtDNA 的控制区也有显著的序列变异，进而提出分析 mtDNA 的整个控制区以提高个体识别率。

（4）mtDNA 异质性的研究。只有大量研究了不同群体间、不同个体间、同一个体不同组织、不同样本间的异质性，得到具体数据，才能保证结论的精确性。

（5）法医检案要求简便、快速、价廉，这就需要提高 mtDNA 分析技术包括 DNA 抽提、PCR 扩增及测序过程的自动化，DNA 序列分析软件的高智能化等。相信随着各项技术和设备的不断改善，不久的将来测序速度可望达到 3 000 bp/h 以上，使 mtDNA 序列分析，甚至核 DNA 序列分析成为法医实验室常规手段。

(1) DNA 提取的主要原则是什么？微量降解检材 DNA 提取应注意什么？
(2) 请比较不同 DNA 提取方法的优缺点。
(3) 常用 DNA 定量有哪些方法？各有何优缺点？
(4) DNA 遗传标记有哪些分析技术？各有何优缺点？
(5) 常染色体 STR 分型技术的原理是什么？如何操作？
(6) 用于 SNP 分型的技术有哪些？
(7) 线粒体 DNA 分析在法医学应用中有何意义和限制？

第四章 法医物证常见斑痕及组织检材的检验

法医物证常见检材有在犯罪现场、作案工具或人体上留下的斑痕，如血痕、精斑、唾液斑、粪便和尿液等，以及微量遗留物和附着物，如烟蒂、毛发和组织等。法医物证检验主要是对这些检材进行物理学方法检测、化学方法分析、生物学方法的鉴定，经预试验、确证试验、种属鉴定和遗传标记分型，确定其种类、种属和个体来源。

一、血痕检验

血痕（bloodstains）是血液离体后，在外界环境中干燥所形成的斑迹。血痕检验是法医物证学检验中最常见、最重要的体液斑痕检验。

（一）血痕的感官和物理方法检测

血痕的感官及物理检测是法医物证学检验取得现场检材后的第一步。发现血痕后，首先观察血痕的形状、分布、数量、颜色和部位，然后辅以光、电等物理方法检测其存在的真实性、隐蔽性或微量性。

1. 血痕的形状、数量和分布

血痕的形状随血液流出的速度、部位、滴落的高度、接受物的形状和方向有许多种。①滴状：近似圆形，边缘带锯齿状，随高度不同锯齿大小不等，随方向不同圆形也不规则。②流柱状：血流量较大时，血液滴落在接受物上一般会形成流柱状，且随接收物的角度改变，形状稍有不同。③喷溅状：在暴力作用下的出血、带血的凶器撞击物品、动脉出血均可能形成喷溅状血痕。④血印迹：多为犯罪嫌疑人、受害者在移动过程中产生的，如血手印、血鞋迹等，血痕留在门或把手、工具或地板上。⑤擦拭状：一般是嫌疑人为了掩盖真相而对原血迹进行擦拭后留下的痕迹，量的大小、形状不一致。⑥血泊：一般是大量的血流出后形成的，多为第一现场。⑦其他：血液流入水内或血液经过清洗后形成的血水，毛发、组织带血，隐性可疑血迹等。

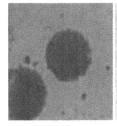    

圆形血滴　　　锯齿状血滴　　　流柱状血滴　　　喷溅状血痕　　　血泊

图 4-1　血痕形状图

血量不同形成的血痕形状不同，少量血一般是血滴，大量血流可以形成流柱状、血泊等。血痕的形状也与分布位置、气候条件有关。室内血痕一般是原始形状，只与接受物形态相关；室外血痕情况较为复杂，特别是下雨后，血痕分布、数量和形状就更难判断和观察。

2. 血痕的颜色

血痕的颜色与存放时间、接受物颜色等有关。一般新鲜血痕颜色较为鲜红；存放时间越久，颜色会变得越来越暗，颜色随时间会从鲜红—暗红—红褐色—褐色—灰色发生变化。观察血痕颜色时应与一些近似颜色的物品进行区分，如油漆、染料、果汁、铁锈等。

3. 血痕所在空间、部位和范围

血痕出现的地方复杂、多变，在对现场进行勘查和取材时，一定要小心、认真，不放过任何蛛丝马迹。对于室内空间应该从上到下，每一个角落、每一个物品都要进行勘查。室外勘查要设定一定范围，所有可能的场所、物品均应观察、记录。嫌疑人衣、物、身体各处，可疑凶器不同部位都应观察和收集可疑斑迹。详见本书第二章相关内容。

4. 物理学（光、电和放射线）检测

当用肉眼观察血痕比较困难时，必须借助某些工具，如电棒、雷曼光谱（Raman spectroscopy）、荧光等进行辅助检测。由于血痕中血红蛋白、白蛋白和葡萄糖等对光线的折射差异，可以用于观察、检测血痕，且不会损伤样品。血迹在紫外线照射下呈土棕色，因而利用紫外线进行检查，可以鉴别有无血迹存在。此外，血液或血痕还可通过血液的粘度、密度，细胞成分的理化性质加以鉴别。

（二）血痕预试验（Preliminary test）

血痕预试验的目的是快速将血痕中可疑非血痕标本（如蔬菜、果汁、化学颜料、试剂，铁锈等）排除，为下一步血痕的鉴定服务。预备试验方法简便，灵敏度高，但特异性差。阳性结果，只能证明检材上有血迹存在的可能性，而不能肯定一定是血迹。当然，预试验结果阴性，可以排除有血迹存在的可能性，也就不必再进行下一步的检验了。

实验十六　血痕预试验

1. 联苯胺试验（benzidine test）

【原理】血痕中血红蛋白分解，亚铁血红素氧化产生的高（正）铁血红素（hematosin）具有过氧化物酶活性，能分解过氧化氢，释放出新生态氧，可将无色联苯胺氧化为联苯胺蓝。

$$\text{联苯胺} \xrightarrow[\text{酸性环境}]{\text{高铁血红素}(Fe^{3+}) \downarrow \overset{H_2O_2}{} [O]} \text{联苯胺蓝}$$

反应式为：

$$Hb(高铁血红素) \longrightarrow H_2O_2$$

$$H_2N-\underset{无色联苯胺}{\underline{\bigcirc-\bigcirc}}-NH_2 \xrightarrow[HAc]{[O]} H_2N^+=\underset{有色醌式结构（蓝色或黄色）}{\underline{\bigcirc-\bigcirc}}=NH_2^+$$

【试剂】

（1）冰醋酸（CH_3COOH）（AR）。

（2）联苯胺无水乙醇饱和溶液：取一定量（如50 mL）无水乙醇，加入联苯胺颗粒若干，旋转振摇至有少量颗粒不再溶解为止，溶液成为饱和状态，上清液即为联苯胺无水乙醇饱和溶液。

（3）3%过氧化氢：取30%过氧化氢（AR）10 mL加水至100 mL，置棕色瓶中保存。

【操作】取滤纸轻轻擦拭血痕，或剪取微量检材，将其置于白瓷板上，分别滴加冰醋酸、联苯胺无水乙醇饱和液，观察1～2 min无蓝色反应后，滴加3%过氧化氢溶液，立即出现翠蓝色为阳性反应，无反应为阴性。

【注意事项】

（1）严格遵守试剂滴加顺序：冰醋酸—联苯胺—双氧水，以免非特异氧化剂（如铁锈等）氧化联苯胺形成颜色反应，或某些有色素植物干扰形成假阳性结果。

（2）本方法灵敏度极高，极少量甚至肉眼不可见的血痕都可以检出，所以不必剪取过多检材，保留检材以便后续分析使用。

（3）联苯胺为致癌物质，使用时请小心，注意自我保护。

（4）现在已有用四甲联苯胺代替联苯胺试剂出售，灵敏度更高。

（5）如果血痕被清洗，雨淋过等会出现假阴性结果，要注意检查。

（6）联苯胺在酸性环境中，有氧化剂存在下变构成醌式而显色，pH>1.5的酸性环境显蓝色，pH<1.5的酸性环境显黄色，去除氧化剂、酸或放置过久颜色慢慢消退。

2. 鲁米诺试验（luminol test）

【原理】血红蛋白中高铁血红素的过氧化酶作用可使鲁米诺产生化学发光反应，适用于夜间或黑暗地方寻找血迹。采用此试验有助于检查用肉眼难以发现的物体上的微量血痕，鲁米诺又名发光氨，英文名为5-Amino-2，3-dihydro-1，4-phthalazinedione；化学式$C_8H_7N_3O_2$。鲁米诺反应又叫氨基苯二酰一肼反应，反应式如下：

（鲁米诺）→（环状过氧化物）→（三线态）$+ N_2 \to$（基态）$+ h\nu$

【试剂】

（1）鲁米诺溶液配制：鲁米诺0.1 g，无水碳酸钠5 g，30%过氧化氢15 mL，蒸馏水100 mL溶解即可。或鲁米诺0.1 g，过氧化钠0.5 g，蒸馏水100 mL溶解。

【操作】将鲁米诺溶液置于喷雾器内，在暗室内对可疑斑痕进行喷洒，观察立即呈现青白色的发光现象，结果阳性。

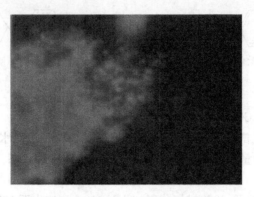

图4-2 鲁米诺试验显色结果

【注意事项】
（1）本办法会破坏样品，使之不能进行后续检验，但对DNA提取没有影响，使用时应注意。
（2）具有氧化性的其他物质也可与鲁米诺显色。试验时，应用已知血痕和可疑血迹作对照试验。
（3）本试验很灵敏，可以鉴别经过擦洗或时间很久以前的血痕。但其特异性较差，黏液、唾液、尿液、粪便、动物血，还有铜、含铜合金、辣根或某些漂白剂均可引起发光反应。
（4）鲁米诺是一种具有强酸性的物质，对眼睛、皮肤、呼吸道有一定的刺激作用，所以检验人员需做好相应的防护措施。

3. 血卟啉试验（hematoporphyrin test）

【原理】血红蛋白分解产物亚铁血红素经过进一步分解成为血卟啉。血卟啉在酸性条件下生成酸性血卟啉，经紫外线照射可见橙黄色荧光；在碱性条件下生成碱性血卟啉，经紫外线照射可见红色荧光。

【试剂】
（1）浓硫酸（AR）。
（2）浓氨水（AR）。

【操作】取可疑斑痕或斑痕浸出液少许，置于2块白瓷板上，待干后，其中一块加浓硫酸1滴，置于紫外线下观察，如系血痕则呈橙黄色荧光。另一块滴加浓氨水1～2滴，是血痕则呈红色荧光。

【注意事项】
（1）本法用于检测存旧的血痕样品效果较好。
（2）本法所有试剂属强酸强碱，有腐蚀和刺激性，使用时要小心。
（3）本试验灵敏度较差，但具有较好的特异性，除对血液、人体及动物部分脏器可呈阳性反应外，对唾液、精斑及其他分泌物均呈阴性反应。

第四章 法医物证常见斑痕及组织检材的检验

4. 酚酞试验（phenolphthalein test）

【原理】 血痕中血红蛋白分解产生的高（正）铁血红素具有氧化性，能分解过氧化氢，产生新生态氧，后者可使酚酞氧化，在碱性环境中呈红色。反应式如下：

$$\text{无色（有机酸）} \xrightarrow[\text{[O]}]{\text{Hb（高铁血红素）} \atop H_2O_2} \text{无色（内脂）} \underset{H^+}{\overset{OH^-}{\rightleftharpoons}} \text{红色（醌式盐）} \underset{H^+}{\overset{OH^-}{\rightleftharpoons}} \text{无色（羧式盐）}$$

【试剂】

（1）酚酞溶液：取 0.1 g 酚酞加 95% 乙醇 100 mL，即为无色酚酞溶液。

（2）3% 过氧化氢：取 30% 浓过氧化氢（AR）10 mL 稀释至 100 mL 即可，置棕色瓶保存。

【操作】 将可疑血痕用生理盐水 1～2 mL 浸泡，浸泡液煮沸 30 s，破坏可能存在的生物氧化酶；冷却后，加 5 滴无色酚酞液，30 s 后如不变成红色，再加数滴 3% 过氧化氢，立即出现程度不同的粉红色至红色为阳性反应。也可用滤纸擦拭或剪取样品斑痕，直接滴加酚酞溶液，待 30 s 后，如不变成红色，再加 3% 过氧化氢观察结果。

【注意事项】

（1）本法的灵敏度极高，但特异性较差，氧化剂（如铜、铁、镍）及脓液、精液、尿液、新鲜植物、果汁等均呈阳性反应。

（2）酚酞无毒、无腐蚀性，比较安全，但试剂配制比较麻烦。

（3）本法操作简便，结果容易判断。

（4）本试验遇强酸和强碱对实验结果判断有影响，试验中小心酸碱污染。

血痕预试验方法还有 4-氨基胺替吡啉试验、邻联甲苯胺试验、孔雀石绿试验和愈创木酯试验等，由于使用较少，在此不赘述。

（三）确证试验（conclusive test）

血痕经预试验，如果结果呈阳性反应，说明有可能存在血迹，需进一步进行确证试验，以证实是否为血迹。与预备试验相反，确证试验特异性强，但灵敏度较低。如果检材保存条件差，如经日晒雨淋、混有杂质或腐败降解，则难以检出阳性反应。因此，确证试验结果阳性的可以肯定为血迹，结果阴性的却不能完全排除血迹存在的可能性。确证试验的方法有很多，如血色原结晶试验、氯化血红紫结晶试验和光谱检查等。

实验十七　血痕确证试验

1. 血色原结晶试验（hemochromogen crystal test）

【原理】 血迹中的血红蛋白在碱性溶液中分解为高铁血红素和变性珠蛋白，经还原剂作用后,高铁血红素还原为血红素,后者与变性珠蛋白及其他含氮化合物会形成血色素原结晶,以是否出现结晶情况确定是否存在血迹。血色原结晶试验是由日本人高山所建立,故又称为高山氏结晶试验(Takayama crystal test)。

【试剂】

(1) 高山试剂:取 10% 氢氧化钠溶液 3 mL,加 30% 葡萄糖溶液 10 mL,吡啶(液体)3 mL,混匀后置棕色瓶内,于冰箱冷藏保存。

【操作】取少量经预试验为阳性的可疑血痕检材(约 2 mm 长纤维或 1 mm^3 血痂),置于载玻片上,加高山试剂 1~2 滴,盖上盖玻片,稍加热至冒小气泡,或室温放置 10~30 min,冷却后,置显微镜下观察。如出现樱桃红色、针状、菊花状或星状血色原结晶,则结果阳性。

【注意事项】

(1) 此法确证实验灵敏度较低,血液稀释 200 倍便难以形成典型的结晶。经雨淋、水洗、细菌污染等的血痕常显示为阴性结果。

(2) 高山试剂久置失效,每次试验时应用阳性对照检查试剂是否失效,避免因试剂失效产生错误结果。

(3) 试验结果阳性可以确认为血迹,试验结果阴性不一定排除血迹,可疑检材均应继续下一步的实验,以确证血痕的存在与否。

2. 氯化血红素结晶试验(hemin-chloride crystal test)

【原理】血液中血红蛋白经酸作用降解,产生珠蛋白和高铁血红素。后者与冰醋酸和氯化钠作用,生成游离氯,高铁血红素与游离氯反应生成褐色菱形或长方形氯化血红素结晶。

【试剂】

(1) 10% 氯化钠溶液:取 1 g 氯化钠加水至 10 mL,溶解即可。

(2) 冰醋酸(AR)。

(3) 无水乙醇(AR)。

(4) 预混试剂:取 10% 氯化钠溶液 2 mL,冰醋酸 10 mL 和无水乙醇 5 mL 预混,备用。

【操作】取检材少许,置于载玻片上,尽可能分离和分细检材,加预混试剂 1~2 滴(亦可直接加氯化钠颗粒少许,加冰醋酸 1~2 滴),盖上盖玻片,稍加热,待冷却后置显微镜下观察,如系血迹,可见到褐色菱形结晶。

【注意事项】

(1) 雨淋、水洗、细菌或真菌污染或过于存旧的血痕常呈阴性反应。

(2) 加热的温度不要过高(<142 ℃),否则血红素被破坏而无结晶形成。

(3) 本法易受一些阴离子影响而使结晶不能出现。

3. 吸收光谱检查(spectrum absorption test)

【原理】血红蛋白及其衍生物均有很强的光谱吸收性能,对特定波长的光产生吸收作用,而产生特异的吸收光谱。根据这一特性,用显微分光镜检查,做吸收曲线分析,可以鉴别是否血迹。氧合血红蛋白(HbO$_2$)呈鲜红色,对 541 nm、577 nm 波长的光具有特异性吸收,碳氧血红蛋白(HbCO)呈樱桃红色,对 540 nm、569 nm 波长的光具有特异性吸收。氰化高铁血红蛋白与硫化高铁血红蛋白也有各自的特征吸收峰，分别在 540 nm、654 nm。详见表 4-1。

表 4-1　血红蛋白（Hb）及其衍生物的光吸收峰波长及颜色

Hb 及其衍生物名称	主要吸收峰/nm			Hb 及其衍生物颜色
氧合血红蛋白（HbO_2）	541	577		鲜红色
碳氧血红蛋白（HbCO）	419	540	569	樱桃红色
硫化血红蛋白（SHb）	618	654		棕褐色
氰化高铁血红蛋白（HiCN）	540			棕红色
SDS 血红蛋白（SDS-Hb）	538			棕红色
高铁血红蛋白（MetHb）	406	540	624	赤褐色
还原血红蛋白（Hb）	555	557	525	430	紫蓝色
肌红蛋白（Mb）	409	518		暗红色
高铁血红素	630			褐色
亚铁血红素	415	545	581	630	红色
碱性高铁血红素	610	575		深红色
酸性高铁血红素	662	582	550	400	微绿色
血卟啉衍生物（HPD）	412	405		暗红色

【设备】

（1）分光镜（光学设备）：可以利用太阳光谱来观察透明液体的吸收特性。将血红蛋白及其衍生物用分光镜观察，在特定的波长处可见吸收线。

（2）显微反光镜：可以直接安装在普通显微镜上。

（3）紫外可见光分光光度计。

【操作】血痕用水或生理盐水溶解形成溶液，该溶液必须进行稀释，然后放进一个小的边缘平行的玻璃槽（方形或矩形玻璃杯）内，以便光线可以直接穿过它。将玻璃槽放在分光镜内，使光谱清晰可见。溶液可以从光谱中吸收一些光线，吸收带根据血色素的类别而变化。

新鲜血液可以用分光镜检验溶液中的氧合血红蛋白；然后，加入一些硫化胺溶液，获得血红蛋白的吸收带；如果加入氢氧化钠的稀释溶液，出现血色原的吸收光谱；上述这些反应都是存在血液的证据。陈旧的血痕样本溶液稀释后，既可能有高铁血红蛋白，又有氧合血红蛋白的吸收带。另取部分血痕溶液，加入强硫酸，从而产生酸性血卟啉。再取部分血痕溶液，加入强碱性溶液，从而形成碱性血卟啉。

亦可用紫外可见光分光光度计对血痕溶液进行吸收曲线检测。

【注意事项】

（1）光谱检查灵敏度高，简便易行。

（2）光谱检查结果阳性能确证血痕存在。

(3) 由于血红蛋白及其代谢衍生物吸收光谱性质较复杂,光谱检测结果不能区分 Hb 及衍生物种类。

(4) Hb 及其衍生物颜色只能作为辅助判断,大多情况下 Hb 及衍生物是复合物,法医学检材中很难见到纯的衍生物,有些颜色会相互干扰。

4. 其他确证方法

新鲜血痕可以进行血细胞涂片染色检查,观察细胞形态及结构,以区分动植物细胞和人血细胞;亦可用细胞测微计测量红细胞的直径;还可用人白细胞抗原(human leucocyte antigen, HLA)检测技术等进行血痕的确证。

(四) 种属试验 (species identification)

种属试验是为了明确经过确证试验阳性的血痕是否为人血,如果非人血,有时需要明确动物的种类。种属试验的方法很多,主要包括血清学方法、细胞形态学方法、化学方法和分子生物学方法。这里主要介绍抗人血清蛋白沉淀试验、抗人血红蛋白沉淀试验、抗人球蛋白消耗试验等。

在一定条件下,可溶性抗原与相应的抗体特异性结合,出现肉眼可见的白色絮状沉淀为阳性反应。应用已知的抗人血清或抗人血红蛋白与未知的血痕浸出液进行反应,结果阳性的为人血痕浸出液。根据免疫学沉淀试验方法,可以用环状沉淀试验、琼脂糖凝胶扩散试验、金标记分析试验法进行种属试验。试验前应先稀释抗体、制备样品液等。

(1) 抗体稀释。取干净试管 6 支,置试管架上,各管加 0.5 mL 生理盐水。于第一管内加 0.5 mL 的 1:250 稀释抗人血清蛋白(或血红蛋白)抗体溶液,混匀后取 0.5 mL 加入到第二个试管内,混匀取 0.5 mL 溶液转移至第三个试管中,如此类推,至最后一管,从中取 0.5 mL 弃去。各管稀释倍数如下:1 号,1:500;2 号,1:1000;3 号,1:2000;4 号,1:4000;5 号,1:8000;6 号,1:16000。

(2) 样本制备。取少量可疑斑痕检材溶解于生理盐水中(如是液态检材,制备一份 1:1000 的稀释液)制备成稀释液(陈旧的干燥血痕可能不太容易溶解在生理盐水溶液中,如果溶解时间超过 2 h,应在冰盒中进行,并加入一些氯仿以防止细菌生长)。同时取检材中无血痕的部分制成生理盐水浸泡溶液作为对照组。

实验十八 血痕的种属试验

1. 抗人血清蛋白沉淀反应

【原理】抗人血清抗体能与人血清(蛋白)发生沉淀反应。其特异性较高,只与人血清或与人亲缘相近的猿猴类动物血清蛋白有反应,但与人血清蛋白反应最强。如果怀疑待测样品有近缘关系,可通过稀释样品到不出现近缘反应,或用近缘反应的动物血清吸收后再与血痕浸出液反应。

【试剂】

(1) 生理盐水:取 0.9 g 氯化钠(AR),加超纯水至 100 mL 溶解。可消毒分装备用。

(2) 抗人血清抗体(抗血清):市面上有各种商品抗体销售。

【操作】将血痕的生理盐水浸出液作系列稀释,分别于试管或琼脂平板内加入稀释抗血清,用环状沉淀反应或琼脂内沉淀反应检查是否有沉淀环或沉淀线出现。如为人血,用环状沉淀反应稀释至数万倍还有反应；在琼脂板上进行对流免疫电泳，可测出稀释至 3 万倍的蛋白。

【注意事项】

（1）本方法灵敏且特异，即使检测样品有少许污染也不影响反应结果。

（2）本法是以人血清蛋白抗原免疫动物而得到的抗体，故含人血清蛋白的物质均可能发生此反应。如鼻涕、汗液、精液等与动物血混合在一起时，恐有判断错误的危险。

（3）本法操作稍显麻烦，如稀释抗体、样品，稀释近缘动物血清蛋白，但为防止交叉反应进行稀释是必须的。

2. 抗人血红蛋白沉淀反应（金标试纸条/卡法）

【原理】抗人血红蛋白抗体与人血红蛋白发生沉淀反应，而不与人体其他蛋白起反应，也几乎不与人以外的动物血红蛋白起反应，有种属特异性和蛋白特异性。当血痕浸出液与抗人血红蛋白抗体发生明显的沉淀反应时，可确认该样品含人血。本法通常被作为血痕确证试验和种属试验直接应用。

【试剂】

（1）生理盐水：取 0.9 g 氯化钠（AR），加超纯水至 100 mL 溶解。可消毒分装备用。

（2）抗人血红蛋白抗体（稀释同上）。

（3）抗人血红蛋白抗体试纸条/卡。

【操作】取血痕生理盐水（纯水）浸出液稀释液 3～5 滴加在检测卡加样区，或将试纸条浸泡在浸出液稀释液中 5～10 s（浸出液不能超过试纸条箭头处）。

结果判断：见图 4-3。

阳性：质控区（C）和检测区（T）均出现红色条带。

阴性：质控区（C）出现红色条带；检测区（T）无条带。

试纸条/卡失效：如操作正确，质控区（C）不出现红色条带。

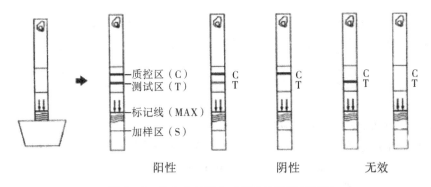

图 4-3 抗人血红蛋白试纸条检测结果判断

【注意事项】

（1）本法灵敏且特异，当用环状沉淀试验时，人血稀释数万倍也有反应，故血痕的浸出液均应稀释，以免因血红素浓度过高出现假阴性。混有人体血液的其他组织或体液也可检出阳性。

（2）本方法操作简便、快速，是目前种属鉴定最常用的方法之一。

(3) 本法作血痕鉴定时，一定要用同一份检材的无斑痕处作为阴性对照和已知阳性血痕作阳性对照试验，以免结果出现误判。

(4) 抗人血红蛋白沉淀反应也可用环状或琼脂沉淀试验，操作同抗人血清沉淀反应。

(5) 观察结果应在 5 min 内完成。

(6) 试纸条应该在阴凉、干燥、避光、4～30 ℃下保存。

此外，纤维蛋白平板法（fibrin plate method）、抗人球蛋白消耗试验（antihuman globulin consumption test）也可用于种属试验。

（五）血型和蛋白标记分析

血痕确证为人血后，要对血痕进行血型测定（grouping of blood stain）。通过血型测定可以否定或排除嫌疑人或受害者。人血型系统复杂，有 ABO、MN、Rh、P1、LU、KEL、LE、FY、JK 等几十种。然而，在法医实际工作中所遇见的血痕，大部分检材干燥、陈旧，甚至污染，血细胞已干瘪或破坏，许多血型物质已被降解或破坏。故血痕的血型测定较新鲜血液困难得多，在测定技术上也不尽相同。血痕中能测定的血型系统自然会相对减少，例如，目前已知 15 个红细胞血型系统，能在斑痕中测出的红细胞的血型系统仅有 ABO、MN、Rh、FY、JK 等少数几种。在其他血型系统检出就更难，而且还要条件较好的血痕。如 10 多种血清型中仅可测出 Gm、Km、Hp、GC 等因子；20 多种红细胞酶型中，仅可测出 PGM、AK、ADA、6PGD、G6PD、EAP、GPT 及 EsD 等酶。血痕越陈旧，能测的血型越少；污染越严重，检出的可能性越小。人群中相同血型者很多，如两份检材血型相同，并不一定是同一人的血，故在法医鉴定实际工作中应用越来越少。这里主要介绍 ABO 及 MN 血型鉴定的常用方法。有些蛋白标记用于血痕的个体识别，由于其不确定性现在较少使用。

实验十九　红细胞血型试验

血痕的 ABO 血型测定：ABO 血型系统红细胞上有相应抗原，血清中具有不同类型抗体，故从血痕中检出抗原、抗体类型不同可判定血型。

1. 玻片法

【原理】血痕中有红细胞血型抗体，能与相应血型抗原发生凝集反应，从红细胞凝集状况判断血痕的血型。

【试剂】制备 0.1% 红细胞悬液。

【操作】取少量血痕碎片或刮下少量检材，置于 3 块载玻片上，分别滴加 0.1% A 型、B 型、O 型红细胞悬液后，盖上盖玻片 20～30 min，每隔 5～10 min 观察 1 次，若血痕周围看到红细胞凝集是为阳性反应，可判断血型。

【注意事项】

(1) 本法对陈旧约 1 个月的血痕还能应用，简便实用。

(2) 若观察 4 h 还无凝集，可以定为阴性。一般凝集发生不会超过 4 h。

(3) 注意区别真假凝集，可以通过按压盖玻片观察凝块中红细胞状态以区分真假性凝集。

(4) 也可用血痕浸出液，通过试管法检测血型抗体进行血型鉴定。

(5) 注意所用玻片一定要干净，并做好标记，不要将加不同血型红细胞的玻片搞错。

2. 吸收试验（absorption test）

【原理】血痕中有ABO抗原物质，它们可以与抗A、抗B、抗H血清中的抗体结合，二者在一定条件，经过一定反应时间后，血清中的抗体会被抗原物质部分或完全结合（被吸收），这种抗血清再加入相应的红细胞，则结合（凝集）红细胞能力下降或消失，将抗血清经一定比例稀释，观察抗血清的效价降低或消失的情况，可以判定检材中的抗原物质。本法亦称吸收-抑制试验（absorption-inhibition test）。

【试剂】

(1) 制备0.1%红细胞悬液。

(2) 稀释抗体和效价测定。

【操作】取3份血痕（0.5~1.0 cm²）检材，剪细放入3个小试管中，分别加入抗A、抗B、抗H血清各0.2 mL，混匀，置37℃ 2 h，然后4℃过夜。取出各管，短暂离心，取抗血清，并稀释2~64倍，各加1滴1%的红细胞悬液，37℃孵育1 h，肉眼或显微镜下观察凝集情况。

结果判断：见表4-2。

表4-2 吸收试验ABO血型判定

		抗血清及吸收倍数																	血型
		抗A血清						抗B血清						抗H血清						
		2	6	8	16	32	64	2	6	8	16	32	64	2	6	8	16	32	64	
对照试验	(−)*	+	+	+	+	+	−	+	+	+	+	+	−	+	+	+	+	+	−	
	(A)	−	−	−	−	−	−	+	+	+	+	+	−	+	+	−	−	−	−	
	(B)	+	+	+	+	+	−	−	−	−	−	−	−	+	+	−	−	−	−	
	(O)	+	+	+	+	+	−	+	+	+	+	+	−	−	−	−	−	−	−	
检材测定	(1)	+	+	+	+	+	−	+	+	+	+	+	−	+	+	+	+	+	−	无血
		+	+	+	+	+	−	+	+	+	+	+	−	−	−	−	−	−	−	O型
	(2)	+	+	+	+	+	−	+	+	+	+	+	−	+	+	+	+	+	−	无血
		−	−	−	−	−	−	+	+	+	+	+	−	+	+	−	−	−	−	A型
	(3)	+	+	+	+	+	−	+	+	+	+	+	−	+	+	+	+	+	−	无血
		+	+	+	+	+	−	−	−	−	−	−	−	+	+	−	−	−	−	B型
	(4)	+	+	+	+	+	−	+	+	+	+	+	−	+	+	+	+	+	−	无血
		−	−	−	−	−	−	−	−	−	−	−	−	+	+	−	−	−	−	AB型

注：(−)*表示未加检材与红细胞反应结果，检材(1)~(4)分别用无血痕（上行）和含血痕检材（下行）测试。

【注意事项】

(1) 本法也可应用于其他血型的测定。检材所含血痕的量，ABO血型试验为数毫克或1 cm²左右，MN、P和Rh血型吸收试验应相对增加检材。

（2）判断结果要求经吸收后，在对照正确的情况下，有血痕和无血痕检材的凝集相差3管以上，才能判定血痕中含某种抗原物质。

（3）本方法是 ABO 血型鉴定的经典方法，结果准确，操作简便，但所需检材较多，时间较长。

3. 解离试验（elution test）

【原理】血痕中含有 A、B 或 H 抗原物质，在一定条件下（冷生理盐水）能与相应抗体结合，形成抗原抗体复合物；这种复合物在一定条件下（56 ℃）可解离出原抗原和抗体。解离出来的抗体可以与指示红细胞结合，发生凝集反应。发生凝集反应者为阳性，表明该抗原存在，否则为阴性反应。本法亦称吸收解离（洗脱）试验（absorption-elution test）。

【试剂】

（1）生理盐水：取 0.9 g 氯化钠（AR），加超纯水至 100 mL 溶解。可消毒分装备用。

（2）抗血清（市售）。

（3）制备 0.1% 红细胞悬液。

【操作】取细小血痕纤维一小段，用甲醇固定，待自然干燥，分成3等份置于3支试管（玻片）内，分别加抗 A、抗 B、抗 H 血清1滴，置室温、湿盒内 1～2 h，血痕用冷生理盐水洗涤3次，再加生理盐水1滴，加 0.1%～0.2% 红细胞悬液1滴。置 56 ℃ 加温 5～10 min，轻轻离心（1 000 r/min）1 min 后，将沉淀摇匀，置载玻片上，显微镜下观察。

结果判断：见表 4-3。

表 4-3 解离试验 ABO 血型判断

	对照			检材			
	无血痕检材	A 型血痕检材	B 型血痕检材	1	2	3	4
加抗 A 血清后加 A 型红细胞	−	+	−	+	−	+	−
加抗 B 血清后加 B 型红细胞	−	−	+	−	+	+	−
血型判定				A	B	AB	O

【注意事项】

（1）本法比吸收法灵敏得多，判定血型所必需的血痕量约为 0.01 mg，可作为血痕的微量检测法，且相当陈旧的血痕也能判定血型。

（2）本法可用玻片法，也可用试管法，抗体的洗涤要适度，以免过度洗涤出现假阴性反应。

（3）所用抗体效价 >1∶128 为好。

血痕的血型试验除上述方法之外，还有混合凝集试验，是利用抗体结合部位的差异检测血痕抗原的方法。此外，还有对分泌型与非分泌型进行分析的技术。人的体液中（如唾液、精液、阴道液、汗液、胃液等）含有 ABO 血型物质的称为分泌型（secretor，Se 型），否则为非分泌型（non-secretor，se 型）。属分泌型者，在其体液中含有与其血型相同的型物质，即 A 型人分泌 A 型物质，B 型人分泌 B 型物质，AB 型人分泌 A 及 B 型物质，O 型人分泌 H 物质。非分泌型者并非完全没有血型物质，只是含量极低。分泌型在人群中占 75%～80%，非分泌型占 20%～25%。

血痕的 MN 血型测定：当 2 份检材 ABO 血型相同时，需要对其进行其他血型分析，如 MN 血型测定。正常人血清中一般无抗 M、抗 N 的抗体，需由免疫动物获得。因比，MN 血型的鉴定只能通过测定 MN 型凝集原获知，其方法基本同 ABO 血型检测，可采用吸收试验、解离试验等。MN 血型抗原也位于红细胞基质上，对热及干燥也有相当的抵抗力，但较 ABO 血型物质脆弱，故所需检材较多。再者，抗 M、抗 N 抗体常含有少量非特异凝集素，所以一般不检测其抗体。血痕时间越陈旧，凝集反应越弱，检验就更为困难。如采用解离合并抗球蛋白法测定血痕的 MN 血型，则能提高检测的灵敏度。超过 6 个月的血痕也可检测出阳性结果

血清型及红细胞酶型测定：血痕中还含有结合珠蛋白（haptoglobin，HP）、维生素 D 结合蛋白（vitamin D binding protein）［亦称为型特异性成分（group component，GC）］、蛋白酶抑制物（protease inhibitor，PI）、免疫球蛋白 IgG（gamma marker，GM）和 κ 链（kappa marker，KM）型蛋白，经过一定处理，可以用电泳技术进行分型，有些蛋白经过数月后，还能用于血痕型别判定。

红细胞酶型的检出限度，PGM 型为 3～6 个月，PGD 型、EsD 型约为 6 月，GPT 型、ACP 型约为半月。

由于上述标记应用越来越少，故在此不详细介绍。

（六）核酸遗传标记分析

核酸（DNA 和 RNA）遗传标记是目前用于法医物证学个体识别和亲权鉴定的主要遗传标记，利用分子生物学技术可以对不同检材的常染色体、性染色体和线粒体核酸遗传标记进行分析。详见本书第三章相关内容。

二、精斑、阴道液和混合斑检验

精液（semen）离体附着在物体上，干燥后形成的斑痕称为精斑（seminal stain）。精液由精子（spermatozoa）与精浆液组成，精浆液的主要成分为水，占 90% 以上，其他成分有脂肪、蛋白质、色素颗粒、磷脂小体、胺类、游离氨基酸、无机盐、酶类、糖类等。

精液中的精子一次射精有 4～6 亿个。正常的精子结构分头、体和尾三部分，长 50～60 μm，呈蝌蚪形，可以用于形态分析。精浆液中的一些蛋白质，如前列腺特异抗原（prostate specific antigen，PSA）和精蛋白（protamine），一些酶如酸性磷酸酶等活性较高，可作为精液检验指标。

精斑是法医物证学重要检材，精斑检验是许多民事、刑事案件获取重要线索和侦破的关键。精斑检验如同血痕，首先，明确可疑斑痕是否精斑，是否人体精斑，其血型如何，DNA 遗传标记如何。

（一）精斑检验的物理学方法鉴定和肉眼观察

正常新鲜精液的检测先观察精液的量，一次射精量 2～5 mL，颜色灰白色，精液呈黏稠糊状，有明显腥臭味。随着精斑附着物的不同，其颜色不同，如附着在浅色布料上呈黄白色，形似地图状，边缘着色深，手感有稍硬或浆洗布的感觉；附着在深色布料上呈灰白色，精斑浓厚，斑块呈浆糊斑迹状，手感如同硬鞘皮；精斑稀薄则感觉不明显或稍变硬；精斑留在体表呈鳞片状。

用特殊波长的光线观察精斑，如用 400～500 nm 波长的光可见银白色荧光，斑痕边缘呈紫蓝色。附着精斑的衣、布经水洗过后，光照仍可观察到荧光。阴道分泌物、尿液、鼻涕、唾液、乳汁、脓液、植物汁、果汁和含荧光素的其他物质也可发出荧光，故其结果只能表明可能为精斑。过于存旧、稀薄或污染的精斑，此法不一定检测得到结果，故阴性结果不一定没有精液存在。此法最大优点是不破坏检材，可用于后续分析。

（二）精斑预试验

实验二十 精斑预试验

1. 酸性磷酸酶（acid phosphatase，ACP）试验

【原理】精液中酸性磷酸酶在酸性条件下作用底物磷酸苯二钠，产生酚和磷酸，酚经铁氰化钾氧化后，与氨基安替比林结合产生红色醌类衍生物。

【试剂】

（1）枸橼酸盐缓冲液（pH 约为 5）：枸橼酸（$C_6H_8O_7 \cdot H_2O$）1.4 g，1 mol/L 氢氧化钠 12.5 mL（pH 约为 4.9），加磷酸苯二钠 0.2 g，加 4-氨基安替比林 0.6 g，加蒸馏水至 100 mL，此液也称底物缓冲液。

（2）显色液：1 mol/L 氢氧化钠 16.7 mL，碳酸氢钠 1.4 g，铁氰化钾 [$K_3Fe(CN)_6$] 3.6 g，加水至 100 mL 溶解，置棕色瓶暗处保存。

【操作】取可疑斑痕检材靠近斑痕边缘处约 1 mm² 置于试管内，加枸橼酸盐缓冲液 3～5 滴，于 37 ℃放置 5～10 min，加入等量显色液，检材若为精斑，在 30 s 内即可见红色反应。

【注意事项】

（1）底物缓冲液一次不宜配制过多，否则会长菌失效。

（2）结果红色显示深浅与酶含量成正比。

（3）酸性磷酸酶活性很高，稀释后精液、水洗后精斑均可用此法鉴定。

（4）其他体液（尿液、汗液、唾液等）和组织浸出液中也含少量该酶，一般反应会较弱。

2. 碘化钾结晶试验

【原理】精斑中卵磷脂分子所含的胆碱能与碘络合，生成过碘胆碱褐色结晶析出，此试验由佛罗伦斯（Florence）发明，故称佛罗伦斯结晶试验（Florence crystal test）。

【试剂】取碘化钾 1.65 g 加蒸馏水约 20 mL 溶解，再加碘 2.54 g 待溶解，加蒸馏水至 30 mL 即可。此试剂亦称佛罗伦斯试剂。

【操作】 取少量含可疑斑痕的检材置玻片上，分离检材，滴加佛罗伦斯试剂 1～2 滴，盖上盖玻片，显微镜下观察结果，见褐色针形、菱形或茅状结晶为阳性结果。应同时取不含斑痕检材作阴性对照。

【注意事项】

(1) 本试验灵敏度不高，只有 1:400。

(2) 精液混有大小便、血液或其他化学药品时，将妨碍结晶的生成。

(3) 新鲜的精斑（卵磷脂未分解出胆碱）或稍陈旧（2 个月以上），经水洗或细菌污染的精斑均可呈阴性结果。

(4) 本试验不是精斑的特有反应，凡含有胆碱的物质如阴道液、鼻涕、唾液、脓液及肝、肾、肾上腺浸出液，甚至某些昆虫或植物等均可形成类似的结晶，故只能作为精斑的预试验。

(5) 若镜检时，发现碘染色的褐色精子，可以确认为精斑。

(三) 精斑确证试验

精斑中检出精子是精斑检验经典、可靠和实用的方法。由于方法简便、不需特殊设备和试剂，适用于各级各类法医物证检验室和鉴定机构。精斑中精子比较稳定，存放达 10 年的精斑中也检出过精子。精斑的精子检出法一般需要进行精斑的处理、精子涂片、染色和镜检几个步骤。目前，用于精子形态学分析的染色方法有：改良巴氏染色法、苏木素－伊红染色法、瑞氏染色法、瑞－吉氏染色法、Diff-Quik 染色法和 Shorr 染色法。

(四) 精斑的蛋白和核酸标记分析

同血痕检验，精斑的蛋白标记主要进行 ABO 血型、血清型、酶型和核酸遗传标记进行分析。随着分子生物学技术不断发展，核酸遗传标记分析已经成为精斑遗传标记分析用于个体识别的主要工具。

有关精子核酸遗传标记分析技术详见本书第三章相关内容。

(五) 阴道液和混合斑检验

两种及以上的体液混合后形成的斑痕称为混合斑。法医学常见混合斑有：阴道液与精液形成的混合斑，唾液与血液形成的混合斑，阴道液、精液和唾液形成的混合斑等。

单纯的阴道液检验除常规分析外，用核酸标记可以进行个体识别。混合斑的检验则首先明确该混合斑为何种混合斑，进行一些相应检验和分析，确证其为混合斑。然后，分离混合斑中的不同成分，再进行不同遗传标记的检验。

实验二十一　精斑确证试验

(一) 精子涂片染色镜检法

1. 精子（液）涂片法

取新鲜的液化精液或精斑浸泡液适量，经生理盐水洗涤，稍离心去上清，得到精子沉淀，制成悬液进行涂片。涂片所用载玻片应洁净，可用 70% 乙醇擦洗并干燥后使用。精子密度高的精液涂片应薄些，精子密度低者涂片可厚些。涂片的方法按照 WHO 推荐的玻片拉薄法和滴管法进行（图 4-4）。玻片拉薄技术操作如下：取一张边缘光滑的载玻片作为推片，以其边缘紧贴另一载玻片的一滴精液或精子悬液，以一定角度，平稳缓慢地推动推片，其涂片厚度可通过调整推片与载玻片的角度加以控制。滴管法即水平持滴管使一滴精液沿载玻片的表面展开。

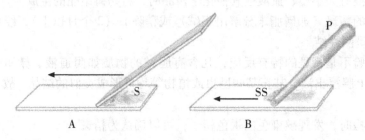

图 4-4　精子涂片技术示意

A. 拉薄技术：未稀释精液一滴 S 沿另一张载玻片，以一定角度向前推动涂片，角度随精液浓稀调整；B. 滴管法：水平持滴管 P，将一滴稀释精液沿载玻片表面展开。

【注意事项】

(1) 由于精液有一定的黏稠度，有时这两种方法都很难涂成均匀的涂片。可试用以下方法涂片：用滴管将一滴精液置于载玻片上，然后从液滴中央向周围循环吸净多余的精液，注意滴管的头要平整，滴管与载玻片垂直，缓慢吸去多余的液体。

(2) 低密度的、低黏稠度的或充满碎屑的标本，建议先离心去除精浆。沉淀的精子团重新悬浮在适当体积液体中，以获得尽可能高的密度，但不应超过 $8.0 \times 10^6 \ \text{mL}^{-1}$。

(3) 精子涂片可置空气中自然干燥并固定，固定方法取决于染色方法。

(4) 通常每份检材标本需要涂双份片子，以备染色操作失误之需。

2. 改良巴氏 (Papanicolaou) 染色法

【原理】改良染液用碱性染料苏木素代替俾士麦棕，伊红、亮绿等为酸性染料，能与精子头部的顶体和顶体后区、胞浆的小滴、中段和尾部分别着色，使精子细胞不同部位染成不同的颜色，精子头部染成深蓝，顶体染成浅蓝，中段呈浅红，尾部呈淡红或浅蓝，从而清楚地辨认精子细胞。

【试剂】

(1) Gills 苏木素 (hematoxylin) 染液 (1 000 mL)：取结晶苏木素 ($C_{16}H_{12}O_6$) 2.36 g (或者无结晶苏木素 2 g)，硫酸铝 [$Al_2(SO_4)_3$] 17.6 g，碘酸钠 ($NaIO_3$) 0.2 g，蒸馏水 730 mL，乙二醇 ($C_2H_6O_2$) 250 mL，冰醋酸 20 mL，混匀磁性搅拌 1 h 以上。

(2) 改良 EA-50 染液 (500 mL)：取 3% 亮绿 ($C_{27}H_{34}N_2O_4S$) 溶液 5 mL (3 g 亮绿加蒸馏水至 100 mL)，20% 伊红 ($C_{20}H_6Br_4Na_2O_5$，水溶性) 溶液 10 mL (20 g 伊红 Y 加水或醇溶解至 100 mL)，95% 乙醇 350 mL，甲醇 125 mL，磷钨酸 ($H_3O_{40}PW_{12} \cdot xH_2O$) 1 g，冰醋酸 10 mL，混匀后充分搅拌。

(3) 稀碳酸锂溶液：在 100 mL 蒸馏水中，加饱和碳酸锂 1 至数滴。

(4) 其他试剂：乙醇，0.25% 盐酸，二甲苯。

【操作】自然干燥的精子涂片用蒸馏水洗 1～5 min；加 Gills 苏木素染液 5 min，流水冲洗；0.25% 盐酸水溶液数秒钟，流水冲洗 5 min；稀碳酸锂溶液浸泡 1 min，流水冲洗 5 min；80% 乙醇浸泡 2 min；95% 乙醇 2 min；EA-50 染 5 min；95% 乙醇浸泡 2 min；无水乙醇浸泡 2 min；二甲苯浸泡 3 min 后用中性树脂胶封固。

【注意事项】

（1）本法为《世界卫生组织人类精液检查与处理实验室手册》（第 5 版）推荐的方法，它可以使精子和其他细胞很好地染色。

（2）现有改良的单一巴氏染色液出售，操作非常简单。自然干燥的精子涂片上滴加 1～2 滴巴氏染液，染 15 min，流水冲洗后自然晾干，显微镜下用油镜观察精子形态即可。

（3）苏木素染液及 EA-50 液，可视具体情况，如染料配制时间长短、配制季节不同等来确定染色的时间。

（4）配制试剂时要注意：EA-50 染液配好后使用滤纸检查。伊红 Y 醇溶液不易溶解，配制伊红溶液时充分搅拌使其完全溶解。碱溶液矾制：1.3 g 碳酸锂（20 ℃）加 100 mL 蒸馏水使成饱和碳酸锂溶液。

3. 苏木素伊红（hematoxylin-eosin, HE）染色法

【原理】带正电荷的碱性染料苏木素能与精子细胞核中带负电荷的核酸结合而染成紫蓝色，酸性染料伊红能与精子细胞质中带正电荷的蛋白质结合，使细胞质染成红色。

【试剂】

（1）苏木素染液：取苏木素 0.5 g，加无水乙醇 5 mL 溶解，得苏木素乙醇液。另取明矾［硫酸铝钾或硫酸铝铵，$KAl(SO_4)_2 \cdot 12H_2O$ 或 $NH_4Al(SO_4)_2 \cdot 12H_2O$］10 g，置 250 mL 烧杯中，加 100 mL 蒸馏水，加热至明矾完全溶解；将配制好的苏木素乙醇液加入到明矾液中，用玻棒搅拌并继续加热，至液体颜色为深绿色为止，加入氧化汞（HgO）0.25 g，摇匀，立即将烧杯置于冷水中快速冷却，室温静置过夜，用滤纸过滤后即可。

（2）0.5% 伊红溶液：取伊红 Y 0.5 g 加蒸馏水至 100 mL，临用前加冰醋酸 1 滴。

（3）1% 盐酸乙醇溶液：取浓盐酸 1.0 mL，加 75% 乙醇溶液 99 mL。

（4）促蓝液：碳酸氢钠 0.85 g，加硫酸镁 2.0 g 溶解，蒸馏水至 100 mL。

（5）生理盐水。

（6）无水乙醇（AR）。

（7）二甲苯（AR）。

【操作】精子涂片加 3～5 滴无水乙醇，室温固定 5 min，将涂片用自来水洗 30 s，加苏木素染液适量，室温染色 10～15 min（可置入带盖湿盒中），自来水洗涂片，滴加盐酸乙醇溶液 5 s 左右，自来水洗涂片，涂片置自来水中浸泡 20～30 min（或将涂片置促蓝液中至涂片变蓝，取出水洗），加伊红染液，室温染色 3～5 min，自来水洗涂片，置温箱干燥，取出加二甲苯、盖玻片后，镜检（图 4-5）。亦可用二甲苯透明标本，再用中性树脂加盖玻片封片，可以长期保存。

【注意事项】

（1）涂片中检出完整精子，即可确证精斑。如果检出只有精子头部，要与阴道滴虫等区别。

（2）苏木素染液配制过程要按照规定操作进行。苏木素染液配好后，要放置 20 多天

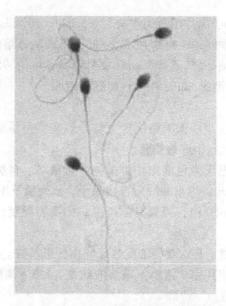

图 4-5 精子经苏木素-伊红染色结果

才能使用，必须提前配制。

（3）检材浸泡液如需作进一步检验（如血型鉴定），需控制生理盐水用量。

（二）金标试纸条检验法

【原理】可溶性抗原（PSA，人精斑或精液，其实是检测前列腺抗原）与相应金标一步法标记特异性抗体结合，形成抗原抗体复合物而显色，观察颜色变化判断结果。

【试剂】抗人精斑检测试纸条。

【操作】取可疑斑痕检材一小块，用蒸馏水浸泡 30 min 左右，将试纸条置入检材浸泡液中 5～10 s，观察颜色改变，判断结果。

结果判断：与图 4-3"抗人血红蛋白试纸条检测结果判断"相似。

【注意事项】

（1）本试纸条要保存在冰箱，取出后待其温度恢复至 20～30 ℃才能使用。

（2）已开封的试纸条应该在 1 h 内用完，受潮、霉变的试纸条不宜使用。

（3）本法较传统的化学法灵敏度高，不受干扰影响。

（4）观察结果应该在 5 min 之内进行。

（5）检测时应同时进行阴性和阳性对照试验。

实验二十二　阴道液及其混合斑痕检验（选做）

根据现场调查、斑痕观察初步确定混合斑种类，再确定其确证试验方案。这里主要考虑精液和阴道液混合斑试验。

1. 阴道液分析

（1）阴道脱落上皮细胞检查。

【原理】正常阴道脱落细胞有鳞状上皮细胞及柱状上皮细胞，前者来自阴道及宫颈阴道部上皮，且为主要脱落细胞，后者来自子宫颈管，通常不多见。

【试剂】HE 染色用试剂（详见本书第四章"二、精斑、阴道液和混合斑检验"相关内容）。

【操作】取斑痕浸泡液，离心浓缩细胞，弃上清液，沉淀涂片，HE 染色，见阴道鳞状上皮细胞即为阴道液，若同时发现精子，则为混合斑。

【注意事项】

1）脱落的细胞如果已经陈旧，则形态上可能失真而不易鉴别或互相混淆。

2）要注意阴道中细菌、真菌和霉菌与细胞的区分；病变，如炎症性、恶性变等细胞要注意辨别；阴道上皮和其他上皮间要注意区别。

3）HE 染色可以用于精子染色，也可用于上皮细胞染色，其染色液相同，但染色步骤稍有差异，详细请参阅有关阴道上皮细胞染色专著。

（2）阴道特异性酶分析。

阴道中还有一些特异性成分可以用于阴道液与其他体液的区分鉴定，如阴道肽酶的检测、阴道滴虫检查等。

阴道肽酶的检测技术方法有许多种，现常用快速检测卡，详细请参见相关产品说明。

阴道斑的血型鉴定技术与血痕方法相同。

2. **精斑确证试验检查**

混合斑中的精斑确证试验详见本书第四章"二、精斑、阴道液和混合斑检验"相关内容。

混合斑确证后，关键技术是分离混合斑中男性精子和女性上皮细胞，然后进行相应血型鉴定、核酸遗传标记等的分析，其技术参见本书实验三相关内容。

三、唾液和烟蒂检验

唾液斑是法医物证检验中较为常见的斑痕检材之一，犯罪现场的斑痕、咬痕、烟蒂、食物残留物等均有可能留下唾液。

正常人每天分泌唾液 1 000～1 500 mL，是口腔内的唾液腺、腮腺、腭下腺和舌下腺所分泌液体的混合物。正常唾液无色、无味、近于中性（pH 为 6.6～7.1），主要成分是水，占 98.5%～99.0%，其余是含钠、钾、钙、氯、硫等离子的盐类，以及淀粉酶、溶菌酶、黏蛋白等。

唾液斑在紫外光下可见淡青色荧光，可以用于预试验。唾液（斑）的确证试验主要是通过检测其淀粉酶等成分来证实其存在。

1. **唾液斑检验——淀粉酶试验**

【原理】淀粉酶可以水解淀粉成糊精和单糖（主要是葡萄糖），而淀粉遇碘显蓝色，糊精遇碘显紫红色，葡萄糖遇碘不显色。且葡萄糖具有还原性，可使二价铜离子（Cu^{2+}）还原成为一价铜离子（Cu^+），呈砖红色。据此可以检验斑痕中淀粉酶活性而确证其是否为唾液斑。

【试剂】

（1）0.01% 淀粉溶液：取可溶性淀粉 0.01 g，加蒸馏水至 100 mL，混匀，稍加热溶解，置冰箱保存备用（可加几滴苯甲酸防腐）。

（2）碘-碘化钾溶液：取碘化钾 3 g 加蒸馏水至 100 mL；碘 1 g，先将碘化钾溶于蒸馏水中，待全部溶解后再加碘，振荡溶解。

（3）碱性铜试剂：称取无水碳酸钠（AR）40 g，溶于 100 mL 蒸馏水中，再加入酒石酸（tartaric acid，$C_4H_6O_6$）7.5 g，若不易溶解可稍加热，冷却后移入 1 000 mL 的容量瓶中。另取结晶 $CuSO_4 \cdot 5H_2O$（AR）4.5 g，溶于 200 mL 蒸馏水中，溶后再将此溶液倾入上述容量瓶内，加蒸馏水至 1 000 mL，放置备用。

【操作】取少量可疑斑痕检材，根据斑痕浓度加适量 0.01% 淀粉溶液（充分浸泡检材即可），37 ℃温箱 30～60 min，加碘-碘化钾溶液 1～2 滴，呈淡黄色和无色时为阳性反应，呈蓝色则为阴性。阳性者可以进一步加入碱性铜试剂 1～2 滴，混匀，置酒精灯上加热至沸点，观察颜色变化，应有砖红色 Cu^+ 生成。

【注意事项】

（1）检材阴、阳性对照试验必须同时进行，以免因其他污染物致使结果错误。

（2）碱性铜试剂的配制应严格按照操作规程进行，否则就会出现氢氧化铜沉淀。

（3）淀粉浓度不能过高，否则因淀粉酶活性不够，无法完全消化淀粉，出现假阴性结果。

（4）除唾液中有淀粉酶之外，血清、肠液和胰液等中也有淀粉酶。

2. 唾液斑的个体识别

分离口腔上皮细胞，进行相应个体识别项目分析。

关于烟蒂的分析除可以进行唾液淀粉酶分析外，关键是从烟蒂上获得其口腔上皮细胞进行 DNA 遗传标记分析。

剪取烟蒂靠近抽吸端过滤嘴整个包皮纸和末端滤芯，用蒸馏水浸泡，用套管离心技术分离细胞，再根据不同遗传标记分析要求进行后续检验及分析。

四、骨骼、牙齿和指甲检验

骨骼和牙齿是法医物证检验的重要检材，由于骨骼和牙齿坚硬、耐腐蚀、保存时间长，用于法医物证检验可能性增加。

本书对于骨骼、牙齿和指甲检验主要针对法医物证学内容，即主要解决检材是否是骨、牙，是否人类的骨或牙，是谁的骨或牙等问题。骨骼和牙齿的人类学、形态学的内容见有关专著，不在此阐述。

（一）骨和牙的确证试验

1. 物理学方法检查和肉眼观察

形态和结构完整的骨和牙容易观察它是否为骨或牙，碎裂骨或牙要观察其结构的关键部位，可从骨干、骨骺、关节面、凹陷、骨孔等处入手，并根据不同部位的骨结构特征分析是否为骨，是否为人骨，是男人骨还是女人骨。男性与女性骨盆、骨大小、骨密度均有差异。

将骨磨成薄片，经过乙醇清洗和二甲苯透明，置显微镜下观察骨陷窝、骨小管、骨板

【操作】自然干燥的精子涂片用蒸馏水洗 1~5 min；加 Gills 苏木素染液 5 min，流水冲洗；0.25% 盐酸水溶液数秒钟，流水冲洗 5 min；稀碳酸锂溶液浸泡 1 min，流水冲洗 5 min；80% 乙醇浸泡 2 min；95% 乙醇 2 min；EA-50 染 5 min；95% 乙醇浸泡 2 min；无水乙醇浸泡 2 min；二甲苯浸泡 3 min 后用中性树脂胶封固。

【注意事项】

（1）本法为《世界卫生组织人类精液检查与处理实验室手册》（第 5 版）推荐的方法，它可以使精子和其他细胞很好地染色。

（2）现有改良的单一巴氏染色液出售，操作非常简单。自然干燥的精子涂片上滴加 1~2 滴巴氏染液，染 15 min，流水冲洗后自然晾干，显微镜下用油镜观察精子形态即可。

（3）苏木素染液及 EA-50 液，可视具体情况，如染料配制时间长短、配制季节不同等来确定染色的时间。

（4）配制试剂时要注意：EA-50 染液配好后使用滤纸检查。伊红 Y 醇溶液不易溶解，配制伊红溶液时充分搅拌使其完全溶解。碱溶液矾制：1.3 g 碳酸锂（20 ℃）加 100 mL 蒸馏水使成饱和碳酸锂溶液。

3. 苏木素伊红（hematoxylin-eosin, HE）染色法

【原理】带正电荷的碱性染料苏木素能与精子细胞核中带负电荷的核酸结合而染成紫蓝色，酸性染料伊红能与精子细胞质中带正电荷的蛋白质结合，使细胞质染成红色。

【试剂】

（1）苏木素染液：取苏木素 0.5 g，加无水乙醇 5 mL 溶解，得苏木素乙醇液。另取明矾 [硫酸铝钾或硫酸铝铵，$KAl(SO_4)_2 \cdot 12H_2O$ 或 $NH_4Al(SO_4)_2 \cdot 12H_2O$] 10 g，置 250 mL 烧杯中，加 100 mL 蒸馏水，加热至明矾完全溶解；将配制好的苏木素乙醇液加入到明矾液中，用玻棒搅拌并继续加热，至液体颜色为深绿色为止，加入氧化汞（HgO）0.25 g，摇匀，立即将烧杯置于冷水中快速冷却，室温静置过夜，用滤纸过滤后即可。

（2）0.5% 伊红溶液：取伊红 Y 0.5 g 加蒸馏水至 100 mL，临用前加冰醋酸 1 滴。

（3）1% 盐酸乙醇溶液：取浓盐酸 1.0 mL，加 75% 乙醇溶液 99 mL。

（4）促蓝液：碳酸氢钠 0.85 g，加硫酸镁 2.0 g 溶解，蒸馏水至 100 mL。

（5）生理盐水。

（6）无水乙醇（AR）。

（7）二甲苯（AR）。

【操作】精子涂片加 3~5 滴无水乙醇，室温固定 5 min，将涂片用自来水洗 30 s，加苏木素染液适量，室温染色 10~15 min（可置入带盖湿盒中），自来水洗涂片，滴加盐酸乙醇溶液 5 s 左右，自来水洗涂片，涂片置自来水中浸泡 20~30 min（或将涂片置促蓝液中至涂片变蓝，取出水洗），加伊红染液，室温染色 3~5 min，自来水洗涂片，置温箱干燥，取出加二甲苯、盖玻片后，镜检（图 4-5）。亦可用二甲苯透明标本，再用中性树脂加盖玻片封片，可以长期保存。

【注意事项】

（1）涂片中检出完整精子，即可确证精斑。如果检出只有精子头部，要与阴道滴虫等区别。

（2）苏木素染液配制过程要按照规定操作进行。苏木素染液配好后，要放置 20 多天

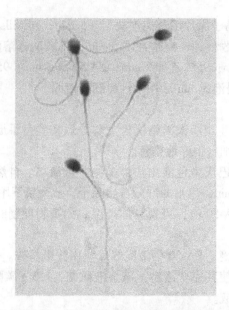

图 4-5 精子经苏木素-伊红染色结果

才能使用，必须提前配制。

(3) 检材浸泡液如需作进一步检验（如血型鉴定），需控制生理盐水用量。

（二）金标试纸条检验法

【原理】可溶性抗原（PSA，人精斑或精液，其实是检测前列腺抗原）与相应金标一步法标记特异性抗体结合，形成抗原抗体复合物而显色，观察颜色变化判断结果。

【试剂】抗人精斑检测试纸条。

【操作】取可疑斑痕检材一小块，用蒸馏水浸泡 30 min 左右，将试纸条置入检材浸泡液中 5～10 s，观察颜色改变，判断结果。

结果判断：与图 4-3 "抗人血红蛋白试纸条检测结果判断" 相似。

【注意事项】

(1) 本试纸条要保存在冰箱，取出后待其温度恢复至 20～30 ℃才能使用。
(2) 已开封的试纸条应该在 1 h 内用完，受潮、霉变的试纸条不宜使用。
(3) 本法较传统的化学法灵敏度高，不受干扰影响。
(4) 观察结果应该在 5 min 之内进行。
(5) 检测时应同时进行阴性和阳性对照试验。

实验二十二　阴道液及其混合斑痕检验（选做）

根据现场调查、斑痕观察初步确定混合斑种类，再确定其确证试验方案。这里主要考虑精液和阴道液混合斑试验。

1. 阴道液分析

(1) 阴道脱落上皮细胞检查。

【原理】正常阴道脱落细胞有鳞状上皮细胞及柱状上皮细胞，前者来自阴道及宫颈阴和哈弗氏系统（Harvard system）的中心管哈弗氏管等结构。人骨哈弗氏管形态规则，多呈圆形，管径大；兽骨哈弗氏管形态不规则，管径小，内层骨板发达。

牙则观察牙冠、牙颈和牙根结构。破碎的牙从牙的外部到内部结构观察牙釉质、牙本质和牙髓是否存在。

2. 化学及生物学分析

（1）脱钙试验。用10%盐酸或5%硝酸浸泡24 h，骨中钙盐形成氯化钙或硝酸钙，剩余的骨（胶原蛋白）变软并具弹性，可以弯曲打结，用针刺可以刺穿。

（2）焚烧试验。取一小块疑似骨的检材，置酒精灯上焚烧，骨则失去表面光泽，重量变轻，骨质变脆，并发出羽毛烧焦气味，但其外形无变化。

（二）骨骼、牙齿和指甲种属试验

牙齿的形态、结构与牙齿种类随个体年龄、性别不同而有差异，根据牙齿的特性可以推断出人的性别、年龄和个体，法医牙科学有专门论述。由于牙齿坚硬，耐腐蚀，可以长久保持，可做血型和核酸遗传标记分析，故牙齿是法医物证检验重要检材，方法详见本书第三章"一、核酸分离初提纯的一般原则"相关内容。

人体骨骼中也含有ABO血型物质，而且保存时间久，血型物质稳定，不易受到破坏和干扰。因而利用骨骼的血型测定，可以为寻找、鉴定死者或鉴别所检骨骼是否为人骨提供客观依据。

生物学检测方法如下：将骨质制成骨粉，用生理盐水浸泡，再将浸出液与抗人免疫血清作沉淀反应，若为人骨，则在两液接触面上呈现白色沉淀环；若为非人骨，则无此沉淀环出现。应注意的是，检材虽系人骨，但若骨质过于陈旧或被烧煮过，骨内可溶性蛋白已经消失，也可能无此沉淀环出现。

人骨、牙和指甲核酸标记的鉴定详见本书第三章相关内容。

五、毛发和皮肤等软组织检验

毛发和皮肤等组织是犯罪现场容易见到的物证检材，其鉴定技术也十分重要。

（一）毛发检验

毛发除形态、结构可以用于初步判断来源外，还可以用血型物质和其他遗传标记鉴定技术进行鉴定。现如今染发现象较多见，结合染发剂可以进行初步判断毛发来源。

毛发的血型鉴定可用解离试验，方法同血痕鉴定。但先应将毛发洗干净，用无水乙醇脱脂，然后用毛发压扁仪或毛发压碎机将毛发压扁，剪取一小段，进行解离试验。

毛发的核酸标记检验，新鲜带毛囊的毛发可进行DNA遗传标记分析，如果是存旧或只有发干的毛发，可进行线粒体DNA遗传标记分析。

（二）皮肤等软组织检验

软组织除细胞结构、形态学特征可以用于辅助鉴定外，法医物证学常用检验方法也是进行遗传标记分析，如血型、核酸遗传标记等。

ABO 血型物质检验技术同血痕。对于经过石蜡固定的组织，要先用无水乙醇、80% 乙醇、65% 乙醇依次进行脱蜡，生理盐水洗涤，加单克隆抗体（抗 A、抗 B、抗 H）2 滴，室温反应 1 h（注意保湿），生理盐水洗涤 3 次（洗脱剩余抗体，加适量牛血清或人血清），加指示红细胞 1～2 滴，室温反应 30 min（注意保湿），生理盐水浸洗，去除多余液体，镜检。有红细胞黏附为阳性，否则为阴性。

核酸遗传标记分析详见本书第三章"四、法医 DNA 遗传标记的主要分析方法"相关内容。

六、其他体液（脓液、鼻涕、痰液、尿液和粪便）检验

脓液、鼻涕、尿液和粪便在犯罪现场也常见到，可以作为法医物证检材进行鉴定。

（一）脓液、鼻涕和痰液的鉴定

鼻涕和痰液的主要成分是呼吸道黏膜的分泌物，含有部分细菌。鼻涕和痰液根据个体健康情况不同有许多不同性状，但它们多少都含有上呼吸道的上皮细胞。

鼻涕（nasal mucus）由鼻黏膜分泌，可湿润鼻腔膜，湿润吸进的空气，并粘住经由空气中吸入的粉尘、微尘和微生物。鼻黏膜含有一种杯状细胞，它制造出很多黏蛋白，黏蛋白被释放到细胞外后，大量地吸收水分，这就形成了供鼻腔使用的鼻涕。

痰液（sputum）是气管、支气管和肺泡所产生的分泌物。正常情况下，此种分泌物甚少；呼吸道黏膜受刺激时，分泌物增多，痰也增多，但多为清晰、水样，无临床意义。病理情况下如肺部炎症、肿瘤时，痰量增多，主要由分泌物和炎性渗出物所组成，且呈不透明并有性状改变。唾液和鼻咽分泌物虽可混入痰内，但并非痰的组成部分。

脓液（pus）是机体组织炎症过程中形成的混和物，炎症过程中，细胞、组织在细菌和中性粒细胞释放的蛋白溶解酶的作用下发生液化坏死，加上血管的液体渗出，形成肉眼可见呈灰黄色或黄白色的浓稠状液体。脓液中的中性粒细胞除极少数仍有吞噬能力外，大多数已发生变性和坏死，称为脓细胞（pus cell）。

痰液液化方法：

（1）1 mol/L 氢氧化钠振摇液化。500 μL 痰液加入 5 mL 1 mol/L 氢氧化钠溶液，振摇液化 30 min 后，14 000 r/min 离心 5 min，沉淀用 1.5 mL 去离子水洗，12 000 r/min 离心 5 min，留沉淀备用。

（2）改良 Saccomanno 法。先配溶液 I：50% 乙醇 48 mL，2% 聚乙二醇 1 mL，0.3% 利福平 1 mL。再配溶液 II：0.1 g DTT、0.78 g 氯化钠、0.02 g 氯化钾、0.112 g 磷酸二氢钠、0.02 g 磷酸二氢钾，加水至 2 L，使 DTT 浓度为 0.005%。等体积混合溶液 I 和 II 成为消化液。取 1 份痰液加 2 份消化液，振摇液化 30 min，离心沉淀备用。

（3）0.5% N - 乙酸 - L - 半胱氨酸，1.45% 枸橼酸钠和 2% 氢氧化钠的液化。取 1 份痰液加 2 份消化液，振摇液化 30 min，离心沉淀备用。

脓液也可以用上述方法液化分离细胞。

所有分离的细胞可以进行血型物质和核酸标记分析。

(二) 粪便的鉴定

粪便可以从形状、颜色和臭味进行初步判断；进一步通过对细胞、寄生虫和虫卵的镜检加以检查；还可从消化和未消化的残留食物进行分析，以确定是人类还是动物的粪便。

采集新鲜粪便样品，用100%乙醇保存。通过重复离心富集其肠道脱落细胞，并使用乙醇和双蒸水洗涤以除去抑制物。

所得细胞可以进行血型物质鉴定。

用1%的SDS快速裂解细胞，离心除去残渣后，向裂解液中加入蛋白酶进行消化，可以提取核酸，进行核酸遗传标记分析。

(三) 尿液的鉴定

尿液中96%～97%是水分，还含有无机盐类、糖类、蛋白质及尿素、尿酸等人体代谢产物。正常人尿液中一般还可检见少量的红细胞、白细胞、吞噬细胞、上皮细胞等。

尿液或尿斑痕可以用生理盐水浸泡、离心浓缩（取10 mL尿或尿斑浸泡液，用水平式离心机，相对离心力（RCF）不小于400 g，离心5 min。手持离心管倾斜45°～90°弃去上层尿，保留0.2 mL尿沉渣），轻轻混匀后，取1滴置载玻片上进行镜检，观察其中细胞及尿中晶体结晶，或有管形结构。尿中出现的结晶，其成分包括草酸钙、磷酸钙、磷酸镁铵（磷酸三盐）、尿酸及尿酸盐等，有时还包括磺胺及一些药物析出的结晶。

尿液还可以进行尿素、尿酸、糖和蛋白质分析，细胞部分可以进行血型物质和核酸遗传标记分析。

新鲜尿液离心漂洗后的沉淀物，经酸性品红-靛蓝染色，光学显微镜400倍下观察，可检见脱落的上皮细胞。

尿糖可以用碱性铜试剂进行定性分析，方法见本书第四章"三、唾液和烟蒂检验"相关内容。

尿酸（uric acid，UA）、马尿酸（hippuric acid，HA）和高香草酸（homovanillic acid，HVA）等尿中有机酸均可用高效液相色谱测定。取5 mL尿液用6 mol/L盐酸溶液调pH至2，在3 500 r/min转速下离心10 min，过滤后上色谱柱分析。

问题

(1) 血痕的预试验和确证试验有哪些方法？各有何优缺点？
(2) 如何检验ABO血型？其方法应注意什么？
(3) 何谓吸收试验？何谓解离试验？
(4) 精斑确证试验有哪些方法？其中经典方法的操作是如何进行的？
(5) 如何对唾液斑进行检验？

第五章 DNA数据库及其法医学应用技术

法医 DNA 数据库（DNA database）是有别于传统意义的 DNA 数据库，如 NCBI database，早期称为 DNA 犯罪调查数据库（DNA criminal investigative database），现简称 DNA 数据库。DNA 数据库是 20 世纪 90 年代发展起来的一项新技术。该系统运用 DNA 分型技术、计算机自动识别技术和网络信息技术，将数字化的 DNA 分型结果存储在计算机中，由计算机对可数码化的 DNA 信息自动比对，通过网络技术实现异地查询、跨地区协作、实现信息共享的大型系统。法医 DNA 数据库主要收集法医物证检材、犯罪前科人员及报失踪人员父母或子女的 DNA 分型结果及每一个与分型结果相关的案件和人员信息。

采集有犯罪前科人群的 DNA 样本并进行 DNA 分型检验，由此类人群数据构建的 DNA 数据库，称为前科库。建立前科库后，一旦发生案件，就可对现场生物检材作 DNA 分型，然后将分型结果输入计算机网络系统，通过与数据库中已有样本进行基因型匹配检验，通过比较及识别，当现场检材各基因座的基因型与库中某一嫌疑人匹配时，通过复核分析，就可为侦破案件提供有价值的线索，缩小排查范围，甚至直接认定嫌犯。当现场检材与库中嫌疑人不匹配就可排除前科嫌疑人。

将从犯罪现场提取的生物检材样本进行分类和分析后，对有关检材进行 DNA 分型检验，然后将现场有价值的生物检材 DNA 分型结果输入计算机网络系统所建的 DNA 数据库，即为现场库。现场检材与现场库中的数据进行比对，两者匹配时就可进行串并案件。所以，现场检材基因型不仅可以与前科库中样本比较，寻找嫌疑人，还可与现场库中样本比较，进行串并案，从而为分析系列案件提供科学证据与侦破线索。

建立报失踪人员父母（子女）DNA 数据库，将未知名尸体 DNA 检验数据与失踪人员父母（子女）DNA 数据库中数据进行比对，就可进行尸源认定。建立失踪儿童父母 DNA 数据库，将被拐卖或失踪儿童 DNA 检验数据与失踪儿童父母 DNA 数据库中数据进行比对，就可认定他们的亲生父母。DNA 数据库已成为法庭科学最重要的信息系统，该技术具有巨大的发展潜力及广阔的应用前景，DNA 数据库的拓展应用也是法医物证检验技术最重要的发展方向。

一、国外 DNA 数据库介绍

自 1985 年多位点 DNA 检验技术（multi-locus probe，MLP）开始应用于法庭科学，人们就试图用 DNA 技术建库，并且以此技术为基础建立了法医 DNA 数据库 BIOTRAC 系统。由于这项技术重复性差，技术路线复杂，结果无法数字化，始终无法得到满意的建库效果。但是，单位点 DNA 分析技术（single locus probe，SLP），不同个体仅为 1 或 2 条带，重复性相对较好，对其进行标准化规定后，接近建库要求。20 世纪 90 年代初，英国法庭科学服务部（The Forensic Science Service，FSS）建立的 DNA 数据库及美国联邦调查局（Federal Bureau of Investigation，FBI）建立的 DNA 联合索引系统采用的技术就是 SLP 遗传标记系统。然而，SLP 技术也有缺陷，如等位基因片段长度呈连续分布，片段长度测量存在误差，不同实验者、不同实验室结果难以比对，有时甚至同一检材分型结果也不同，且该技术操作也复杂，自动化程度低，加上对检材要求较高、灵敏度低，无法满足大规模建库的要求。用检测 VNTR 系统等位基因方法来建库，由于等位基因数目较多（少则数十个，多的甚至数百个），使用琼脂糖凝胶电泳的分离方法，分辨率低，对于相差几个甚至十几个 bp 的 DNA 片段很难分离开来，同时由于谱带漂移、片段扩散、条带浓淡和宽窄等影响，即使使用自动扫描的方式，不同实验室及不同操作者对同一样本的检验结果也很难完全相同，结果难以标准化。由于早期这些 DNA 检验结果不能以标准的、可重复的数码形式记录，故难以数据化建档。所以，建立 DNA 数据库必须考虑所用技术的可行性和所选标记的多态性高，稳定性、重复性好，结果可数字化、易于标准化及质量可控制等因素。此外，建立数据库时，还必须考虑投入/效益比。如果花费大量的财力、人力，建立的数据库结果不准确，不能进行正确比对就失去建库本身的意义。而以 STR 基因座为遗传标记及其分型技术和分型结果为基础的方法能满足上述建库要求，且为同行所认可。STR 基因座等位基因片段长度短，通过聚丙烯酰胺凝胶可以精确测定其片段长度；等位基因长度分布呈离散性，可对等位基因用标准统一的方法命名；STR 等位基因分型实现了结果比对的数字化，确保了检验结果的准确性与重复性；同时 STR 检验方法灵敏度极高，对微量、陈旧、腐败的检材均能有效地扩增分型；再者，在同一反应体系中可以同时对多个 STR 位点进行复合扩增，而后进行同步分型，极大地降低了工作强度，节约了检材。这些优点对建立高质量的 DNA 数据库极其重要，使建立法医 DNA 数据库成为现实。但在筛选 STR 基因座时，应遵循以下一些基本原则：①个体识别力（DP）值大于 0.9（或观察杂合度大于 0.7）；②等位基因片段大小在 90～500 bp 之间；③染色体定位明确，所选系统内各位点不存在连锁关系；④结果可靠，分型明确，重复性好；⑤复杂性 STR 位点如 ACTB2，因重复单位有 1～4 bp 多种形式，存在着长度相同、基因型可能不同的问题，数据不呈离散性，一般不作建库选择位点。

英国是世界上最早将 DNA 多态性分析结果应用于法庭科学的国家，也是首先建立 DNA 数据库的国家，早在 1987 年就开始用 MLP 指纹技术建库，由于前述的种种原因未取得较大进展。1990 年，英国开始采用 SLP 技术建库，在法律许可的情况下，将暴力犯罪人员和未侦破的严重暴力犯罪案件的现场斑痕检材进行检验，建立了一定数量的数据库。尽管花费了许多精力，它只串并了 100 多宗案件。由于分型技术本身的缺陷，DNA 数据库一直没有重大进展。于是，FSS 开始寻找更好的建库方法，更有利于建库的遗传标记，如 Cetus 公司推出的 DQA 杂交系统。20 世纪 90 年代中期，FSS 研究推出了 4 个 STR 位点，即：HUM vWF31/A、HUM TH01、HUM F13A01 及 HUM FES/FPS 荧光标记复合扩增系统，TDP 值可达 1/10 000。在此基础上，1995 年研制出第二代荧光标记复合扩增系统（SGM），包括 HUM TH01、D21S11、D18S51、D8S1179、HUM vWF31/A、HUM FGA 以及性别位点。SGM 的建立是大规模 DNA 建库的基础，其识别力可达 1/50 000 000，再结合研究的第三代复合扩增体系（TGM），总体识别力可达 10^{-15} 以上。FSS 第二代荧光标记基因座特征见表 5-1。

表 5-1 FSS 第二代荧光标记基因座特征

位点	染色体定位	匹配概率		
		高加索人	非洲加勒比人	印度-巴基斯坦人
Amelogenin	Xp22, Yp11.2	X, Y	X, Y	X, Y
HUM vWF31/A	12p12-pTer	0.064	0.057	0.075
HUM TH01	11p15-15.5	0.086	0.100	0.084
HUM FGA	4q28	0.044	0.027	0.031
D21S11	21	0.051	0.042	0.046
D18S51	18q21.3	0.029	0.024	0.042
D8S1179	6	0.047	0.061	0.054
	总 P_m	1.7×10^{-8}	1×10^{-9}	1.2×10^{-8}

注：P_m 为匹配概率。

STR 分型技术，特别是荧光标记 STR 复合扩增技术及全自动 DNA 分型仪器的出现，使 STR-PCR 技术检测结果实现了自动化、数码化。由于该技术易于标准化及质量控制，为大规模建立 DNA 数据库带来了契机，也使 DNA 建库识别犯罪嫌疑人这一梦想得以实现。

1993 年，英国皇家刑事审判专门调查委员会建议警察可以提取嫌疑人非体内样本用于 DNA 检验。1994 年，《刑事审判与公共秩序法》授权 FSS 进行 DNA 数据库的研究，1995 年 4 月该条例正式成为大英法律。隶属于英国政府部门的 FSS 负责生物检材的 DNA 检测、数据分析、录入和案件比对。英国国家 DNA 数据库开始运作。1996 年，苏格兰法庭科学实验室也成立了相应的分支机构，标志着英国 DNA 数据库技术成为法医学常规技术手段。

目前，英国 DNA 数据库人员信息量已超过 35 万，串并案件 5 000 例以上。由于 DNA 数据库涉及的多为重大、恶性案件，数据库的建成，发挥了预想不到的作用。如英国在 1995 年 4 月改用荧光标记 STR 复合扩增技术建库后，很快就发挥作用。在检出嫌疑人 DNA 与现场 DNA 匹配/现场 DNA 与现场 DNA 匹配上，1995—1996 年度分别为 46 例/348 例，1996—1997 年度分别为 2 531 例/976 例，1997—1998 年度分别为 16 673 例/3 357 例，1998 年 7 月为 23 235 例/5 244 例。利用现场检材与无关个体（群体）数据库检索成功破案的典型例子有：1995 年 9 月 14 日，被害女孩 Naomi 在离家不远的操场上被人用刀杀害，调查中从被害者身上提取的唾液拭子成了破案唯一有价值的线索，经 FSS 进行 DNA 检验，将拭子上唾液 DNA 分型结果与案发地 DNA 数据库中已存的年轻男性样本进行匹配检验，发现现场检材 DNA 分型与 Hopkins 的 DNA 分型结果匹配，以此为线索，成功地侦破了此案，Hopkins 被判终身监禁。还有英国剑桥郡的科勒尔案。1994 年 8 月 10 日，科勒尔上吊自杀，他留下的遗书坦白他是 1994 年 7 月 20 日发生 Sandra Parkinson 被杀案的凶手。此前，法庭科学研究中心的技术人员早已根据 DNA 分型数据库的资料将 Sandra Parkinson 被杀案与 1992 年 12 月希罗普郡一位 67 岁妇女被杀案的罪犯联系起来。科勒尔在1986年就因强奸罪被判入狱,在此之前他还犯过抢劫罪和其他罪行。如果在1992年前英国国家DNA数据库已经建立,DNA数据库就可以在1992年案件发生后比中科勒尔,Sandra Parkinson被杀害案就可以避免。

FBI于1990年联合美国8个州12个实验室建立DNA联合索引系统(Combined DNA Index System,CODIS)。美国CODIS系统最初建库选用的遗传标记系统也是单位点RFLPs技术,正式建库选用的复合扩增体系,即PE公司的Amp FLSTR Profiler与Cofiler 2个试剂盒。Profiler Kit包括vWA、FGA、D8S1179、D21S11、D18S51、D5S818、D13S317、D3S1358、D17S820 9个,Cofiler Kit包括D3S1358、D7S820、D16S539、TH01、TPOX、CSF1PO 6个,并都包括性别基因型。Profiler Kit识别力达10^{-16},Cofiler Kit识别力达10^{-6}。2个Kit中有2个基因座相同,起到内对照作用,故CODIS系统选用的遗传标记系统共含13个STR基因座。

美国DNA数据库比对检索系统主要由两部分组成:罪犯库(offenders database)和现场库(crime scene database)。罪犯库是被判有罪者的DNA数据库,又称为个人数据库。美国大多数州均以法律形式规定罪犯将被采集生物检材用于建立DNA数据库,部分州、地方还允许采集被警方拘留者的生物检材用于建立DNA数据库。现场检材DNA数据库的信息来源于犯罪现场的物证,特别是未破案件的检材。在立法方面,美国国会于1994年通过了《联邦DNA鉴定法案》(DNA Identification Act),从立法上保证了各州罪犯DNA数据库的建立和测试标准的统一。联合DNA索引系统将法庭科学与计算机技术联合起来,把美国各地方、州、联邦实验室串联成金字塔样网状结构,形成全国联网的罪犯DNA数据库,使州、地方和联邦实验室之间能够以网络方式来交换、比较DNA分型结果,从而达到信息共享。CODIS系统在人员、设备、组织规模、数据分析及协调管理方面比FSS复杂,在组织形式上分为美国国家、州、地方三级管理,整个CODIS系统由FBI负责设计及控制,由多层组织以金字塔式结构构成:地方DNA分析系统(Local DNA Analysis System,LDAS)是金字塔的基底,设立在当地警察局,其作用是管理样本,输入PCR分型(PCR typing)结果,将数据核查无误后传送给地方DNA索引系统(Local DNA Index System,LDIS)。地方索引系统包括案件索引(Case Index)——通过输入个案的DNA分型信息建立;罪犯索引——通过输入罪犯样本DNA分型信息建立;人群索引——统计性数据库的样本信息。DNA检验人员将检验结果通过CODIS软件进行分析,并与地方实验室检验的有关结果进行匹配检验,若将数据发至州DNA数据库,就可实现与该州其他实验室的数据共享。更高层结构是美国州DNA索引系统(State DNA Index System,SDIS),它是从各地方DNA索引系统中挑选数据上载而建立的DNA数据库。它也有两个索引:州案件索引和州罪犯索引。州DNA索引系统可实现州内各实验室数据共享与检索查询,将数据发送到国家数据库后,则可与其他州实现数据共享。美国国家DNA索引系统(National DNA Index System,NDIS)是金字塔的顶端,同样,它是从州DNA索引系统中挑选数据上载而建立的数据库,它也包括国家案件索引(收集地方的案件数据)和国家罪犯索引。NDIS由FBI直接管理运作,并负责CODIS系统软件研究、安装、调试、培训等。1998年,CODIS并入美国法庭科学实验室互联网(LABNET)。至2000年,有50个州170多个实验室加入CODIS系统。2009年,美国DNA数据库中DNA数据达到美国人口总数的0.5%。对一些特殊对象(如失踪人员等)除了含有STR信息外,还增加了mtDNA或

SNP等遗传数据。

美国DNA数据库发挥作用的代表性案例是发生于弗吉尼亚州的一个著名案例：1989年3月的一个星期五下午，弗吉尼亚州警察Robert的妻子Debbie Smith被一陌生人从家中劫持到其屋后一树林中强奸，强奸犯威胁说如果Smith将此事告诉任何人，他就杀死她。地方警察排查出一名嫌疑人，经血清学检验予以否定，警察将物证保存以备以后检验。1994年，Debbie Smith居住的同一地区又发生一宗性质相似的强奸案，警察怀疑此案与Debbie Smith一案为同一人所为，警方排查到该案的一名嫌疑人，遂将Smith一案的物证检材同时作DNA检验，结果又排除了一名嫌疑人，但这次检验得到了强奸Smith案犯的DNA图谱。随后几年，弗吉尼亚州建立了DNA数据库，并将暴力犯罪人员DNA数据输入库内。一天，技术人员在将一些未破案件的数据进行上机检索时，奇迹地发现Smith一案中的物证分型结果与数据库中的一个案犯的分型完全匹配。案犯Norman Jimmerman因绑架及抢劫罪被判161年监禁，通过DNA数据库成功地破获了此积案。

新西兰于1996年开始建立国家DNA数据库，不仅是世界上建立国家DNA数据库最早的国家之一，更是效果最好的典范之一。起初实行的《犯罪调查血样采集法》允许对涉嫌严重暴力犯罪的嫌疑人强制采集血样，但规定所采集的样本只能用于相关案件比对。2004年4月，新西兰通过了《犯罪调查身体标本取样法》，放宽了强制采集的嫌疑人涉案种类，并将口腔拭子作为样本采集种类。由于总人口数量小，DNA数据库中的人员数据达40 000条时，就占新西兰总人口的1%。其人员数据与现场生物检材的数据匹配率高达52%，现场生物检材之间数据匹配率达35%。

目前，几乎所有建库的国家及地区都以英国和美国建库选用的遗传标记系统为首先方案。中国、奥地利、荷兰、葡萄牙、芬兰、挪威、日本以及欧盟建立DNA数据库的基本模式与美国相似，建立的犯罪DNA数据库均发挥了巨大的破案作用。

二、中国DNA数据库介绍

中国DNA数据库研究始于20世纪90年代。1996年，公安部物证鉴定中心立项开展DNA检验质量控制及DNA数据库研究，并联合北京市公安局、广州市公安局等DNA实验室进行了建库标准及质量控制研究。1998年，司法部司法鉴定科学研究所也在国家计委立项对DNA数据库进行可行性研究。同时，辽宁省公安厅、上海市公安局、广州市公安局等单位也在地方科技部门立项开展DNA数据库研究。

1999年4月，公安部在北京召开了"全国法庭科学DNA检验技术标准化及数据库建设规划研讨会"，确定了"统一领导，整体规划，统一标准，分步实施，信息共享"的建库指导方针。2000年，公安部在"打击人贩子，解救妇女儿童"专项斗争中，把建立和使用DNA数据库、网上查询比对亲子关系作为一项重点内容，在综合考察、评估及盲测的基础上，决定由公安部物证鉴定中心、辽宁省公安厅、北京市公安局、广州市公安局四个实验室组成跨区域检验中心，对建库方法、设备、标准、网络、人员组织、质量控制等方面制定了详细规定，研发了"全国网上打拐DNA信息比对系统"，将各地怀疑被拐儿童与报失踪儿童生身父母DNA分型按区域送检，检验数据信息分别入库，利用计算机网络技术进行亲权关系比对。用PE-377Sequencer检测分型，用FBI推荐的9个STR基因座的作案人是同一伙人。

3) 认定检材来源。如未知名尸体 DNA 分型结果与怀疑失踪者的生前生活用品 DNA 分型结果一致，提示该个体应为失踪者。

(2) 亲缘关系比对。

1) 可利用 DNA 信息进行单亲或双亲比对查询，确定失踪者或被拐妇女、儿童身源。

2) 可对 Y-STR 进行家系关系比对，确定父系来源，可查询 mtDNA 序列等确定母系来源。

3) 身源认定。现场库中的 DNA 分型数据还可以对一些碎尸、空难、交通事故、爆炸、火灾、地震等灾难受害者进行身源的比对。

3. 统计功能

利用 DNA 数据库对于识别重复犯罪和多次犯罪者具有最直接和重要的价值。恰当选择入库人员对 DNA 数据库效能发挥具有决定性作用。重点选择刑事犯罪行为人，对容易发生重复犯罪和多次犯罪者及时采样做 DNA 分型检验入库，对 DNA 数据库发挥应有的价值非常关键。

(三) 我国 DNA 数据库的组成与功能

我国 DNA 数据库分为国家库、省级库、市级库。

国家 DNA 数据库的职能包括：①复核、接纳、储存、管理省级 DNA 数据库和承担建库任务的国家级实验室上报的 DNA 分型数据及相关信息。②统计、分析群体资料，下发标准基础 DNA 数据。③接受各省级公安机关人工或自动查询比对，市级公安机关人工查询比对。

省级 DNA 数据库的职能包括：①复核、接纳、储存、管理市级 DNA 数据库和承担建库任务的省级实验室上报的 DNA 分型数据及相关信息。②定期将本省 DNA 数据库的 DNA 分型数据及相关信息传送给国家 DNA 数据库。③接受全国各地公安机关的查询比对。

市级 DNA 数据库的职能包括：①储存、管理承担建库任务的市级实验室输入的 DNA 分型数据和相关信息。②定期将市级库的 DNA 分型数据及相关信息传送给省级 DNA 数据库。③接受查询比对。

全国公安机关 DNA 数据库详细组织结构见图 5-1。

四、DNA 数据库的建立

(一) 样本采集

DNA 数据库的信息包括现场生物物证样本与人员样本检验信息。所有检材样本应该分别提取、标记明显、自然晾干、纸袋包装后常温保存。对于不能常温保存的肌肉、组织、骨骼等，要冰冻保存、冷藏送检。所有案件应根据案件情况，注意提取对照样本。人员样本占 DNA 数据库样本总量的主要部分，是非常重要的信息比对源，采集样本的质量非常关键。人员样本可用滤纸、消毒纱布采集血样或口腔拭子采集口腔黏膜细胞，自然风干后放入相应样品袋保存，统一编号，专人送到指定实验室。

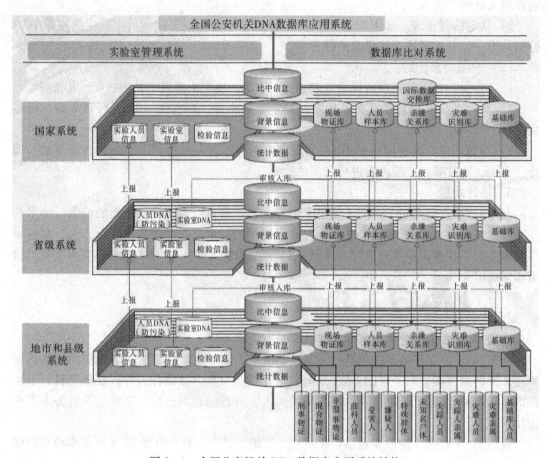

图 5-1 全国公安机关 DNA 数据库应用系统结构

1. **血样**

可选择耳垂血、指尖血或静脉血，将血液滴于消毒的滤纸、纱布或 FTA™ 卡上，面积不得小于 1 cm×2 cm。采集过程中，采血部位必须严格消毒，全部使用一次性采血器具。采样人员应戴好口罩、手套等，手不得与样本接触，必须充分保证采血操作无菌、无污染；必须保证被采集对象的安全。

2. **口腔拭子**

采集对象先用清水漱口，由采样人员取一根消毒医用棉签，在被采样者口腔内颊两侧各擦拭 4~5 下，并在擦拭过程中转动棉签，保证整支棉签采样均匀。每个采样对象采集口腔拭子 2~3 支，避光晾干后放入样本袋，做好标记。

口腔拭子卡是在口腔拭子的基础上发展出来的样本载体，其改进在于将口腔拭子上采集的口腔上皮细胞样本通过压、擦等方式转移到具有湿度变色指示与防腐灭菌功能的样本采集卡上，形成标准的卡式样本，从而实现样本采集可标识、易保存、易检验、易于质量控制等优点，配合条码化标记、自动打孔采样、直接扩增检验等高通量取样、检验方案，可实现口腔拭子样本的快速、高质量检验。目前主流的口腔拭子卡检验成功率与血样基本持平。

口腔拭子样本采集具有无伤害、易操作、易推广等优点，为国外 DNA 数据库人员样本首选采集方案，相信我国也会有越来越多的 DNA 数据库建设单位采用该方法。

3. 人员样本查重

DNA 数据库建设针对特定的嫌疑人采样，对于累犯等嫌疑人不可避免地存在人员样本重复采集，且随着人员样本数量的增加而增加。有单位统计重复采样率可达到 12% 以上。人员样本的重复采集不仅造成了大量资金、人力的浪费，而且导致 DNA 数据库信息重复，降低数据库运行效能，对人员样本检查重复非常必要。目前使用的查重模式依据采集对象的身份信息或者指纹自动比对查询，其中利用身份信息查询快速，能够做到在采集前实时排查，但是对用假身份信息、身份不明人员则难以查实。用指纹比对系统查重，可以很好地解决这一难题，尤其是在针对身份不明人员或使用假身份证的人员可以实现精确查重，缺点是目前还难以做到实时查重，无法在采样前排查。指纹查重数据流程如图 5-2 所示。

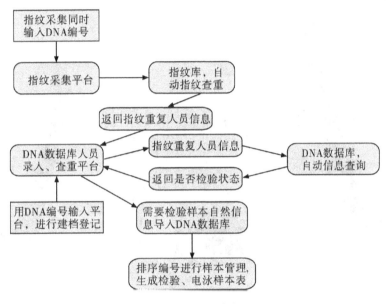

图 5-2　指纹查重数据流程

（二）DNA 提取

现场检材 DNA 提取见本书第三章"一、核酸分离和提纯的一般原则"、"二、微量及特殊检材 DNA 的提取及注意事项"及其他相关书籍。

DNA 数据库相关的人员样本具有采集标准化程度高、种类单一、数量多等特点，非常适合使用自动化设备批量检验。因此各实验室普遍采用自动化、高通量的检验设备进行 DNA 数据库人员样本的检验，其中目前使用最为成熟的检验方法是自动化磁珠提取与免提取直接扩增。

1. 自动化磁珠提取 DNA 法

基于磁珠法，利用 DNA 自动化工作站进行 DNA 提取的方法，充分发挥 DNA 自动工作站程序设定灵活、通量大、稳定、准确的特点。DNA自动工作站具有加热振荡模块，使用磁珠试剂盒中的裂解液加热裂解细胞，同时使DNA结合蛋白变性，释放DNA，最终通过工作站的移液系统与磁吸模块配合，应用试剂盒中磁珠的吸附作用、洗涤液纯化作用，洗脱液溶解洗脱磁珠上吸附的DNA作用，获得高纯度的模板DNA，完成样本DNA提取过程。目前在国内使用较为成熟与普遍的设备如Beckman公司的Biomek FX/NX/3000、Tecan公司的Freedom EVO系列、Hamilton公司的Star系列、Qiagen公司的Biorobot系列。下面以Hamilton star型工作站为例介绍取样流程。

（1）取样本适量（以反应板内200 μL液体可以浸泡为上限），加入反应板内，并记录样本位置与样本信息，取好样本后盖好样本板，备用。

（2）按照磁珠试剂盒说明书的要求配制和稀释裂解液、洗涤液、洗脱液，备用。

（3）打开设备电源、计算机电源及其他辅助电源。进入系统后，点击桌面"Microlab STAR Run"图标，打开设备控制程序，并选择相应提取子程序，打开提取程序。

（4）按照图5-3摆放样本与试剂耗材。

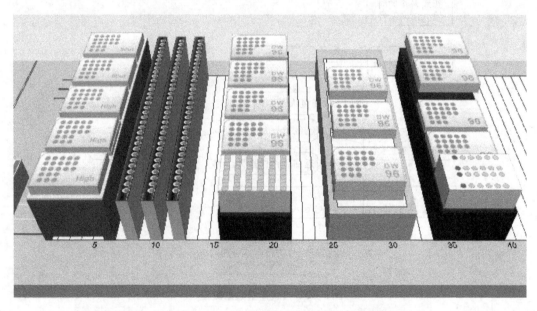

图5-3　Hamilton star型工作站工作原理及样品试剂摆放示意

（5）点击运行按钮，开始程序，按实际需要设置样本数、洗脱液体积等参数，如有在线裂解样本和离线裂解样本，约50 min后提示将离线裂解样本转入载架台面，等待程序运行结束。

（6）收起制备好的DNA模板备用，清理未使用完的裂解液、水、洗涤液，回收磁珠，取走样本板，关闭程序，关闭设备，关闭计算机及其他设备电源。

（7）自动化工作站磁珠提取注意事项如下：①取样时要仔细记录样本提取信息表，严格按照样本表取样。②同一批样本取样时必须增加阴性、阳性样本与已知质控样本。③本方法不适合处理胶质、细碎、坚硬颗粒等可能造成工作站加样器或管尖堵塞的样本。④严格按照DNA自动工作站操作要求进行，定期对设备进行日常维护。

2. 免提取 DNA 直接扩增法

免提取 DNA 直接扩增的方法是近年发展起来的，专门针对数据库人员样本的检验技术，其原理是通过在扩增试剂组分中加入去 PCR 抑制成分，如牛血清蛋白（BSA）等，达到对样本直接进行 PCR 反应的目的。与传统检验方法比较，仅需将适量样本加到按照使用说明配好的扩增试剂中即可。由于免去了样本 DNA 模板提取纯化过程，具有设备投入少、检验更加快速、操作更加简便、效果稳定等优势，更加适用于基层批量样本的 DNA 分型检验，已成为我国 DNA 数据库应用最广泛的检验方法。

由于免提取直接扩增法将样本连同载体直接加入到扩增试剂中，因此对载体的量、载体所含成分、载体所含显色物成分、样本量、样本采集等操作要求较高。实际工作在应用血样卡或口腔拭子卡检验中，会出现部分效果较差的情况。所以，在选择采样卡前最好先试用，再批量采集。

（三）分型

有关 STR 基因座扩增分型方法见本书第三章的相关内容。

（四）DNA 数据入库

我国 DNA 数据库建设要求人员样本和现场检材在各级公安机关 DNA 实验室完成检验、录入，由地市—省—国家逐级上报。目前，主要接收常染色体 STR 基因座分型数据，所选用的基因座是在美国 DNA 数据库 CODIS 系统基础上，结合我国 DNA 实验室具体情况与我国人群群体遗传数据逐步优化确定。

我国 DNA 数据库相关标准规定 DNA 数据库选用常染色体基因座应从以下范围选择：D3S1358、D5S818、D7S820、D8S1179、D13S317、D16S539、D18S51、D21S11、CSF1PO、TPOX、TH01、vWA、FGA、D6S1043、D2S1338、PentaE、PentaD 和 D19S433。其中核心基因座是：D21S11、D3S1358、D13S317、D8S1179、D5S818 和 vWA 等 6 个 STR 基因座。同一比对入库需要包含核心基因座在内的 9 个以上 STR 基因座分型数据。其他样本 DNA 入库包含核心基因座在内的 13 个以上的基因座分型数据。

目前，我国建库主要考虑以下因素：①我国是一个超过 13 亿人口的大国，所选系统两个无关个体相同的概率要足够，选用基因座太少，无法达到筛选嫌疑人的目的。②虽然我国有 50 多个民族，但由于长期以来同属中华民族，不同民族间自由通婚，加之灾难、战争、瘟疫等使人口迁延十分普遍，故大多数基因座多态性差别不显著，用同一系统基本可以满足建库需要。③既要与国际接轨，又要考虑我国的经济实力及实际情况，选择基因座太多，建库投入成本会倍增，如检验体系不能一次完成所规定基因座的检测任务，建库周期会延长。④兼顾我国目前已有的商品化试剂和相关产品。随着国产商品化试剂盒的检验效能不断增强，更多的基因座将被扩充应用到 DNA 数据库中。再者随着建库规模的扩大，拓展比对功能的需求显得十分必要。建议无名尸体、身份不明个体、失踪人员亲属以及从事容易发生人身伤亡职业的人员等 DNA 入库应包含核心基因座在内的 18 个以上 STR 基因座分型数据，以利于亲缘关系比对等拓展功能的应用，详见表 5-2。

表 5-2　DNA 数据库建设相关标准与目前常用商品化试剂盒检测基因座

	AMEL	D3S1358	D5S818	D7S820	D8S1179	D13S317	D16S539	D18S51	D21S11	CSF1PO	FGA	vWA	TPOX
GA(T)418-2003	★	★	★	★	★	★	★	★	★	★	★	★	★
GA469-2004	★	★	★	★	★	★	★	★	★	★	★	★	★
GBT21679-2008	★	★	★	★	★	★	★	★	★	★	★	★	★
ID	★	★	★	★	★	★	★	★	★	★	★	★	★
SINO	★	★	★	★	★	★	★	★	★	★	★	★	★
TYPER15	★	★	★	★	★	★	★	★	★	★	★	★	★
TYPER15 PLUS	★	★	★	★	★	★	★	★	★	★	★	★	★
PP18	★	★	★	★	★	★	★	★	★	★	★	★	★
PP21	★	★	★	★	★	★	★	★	★	★	★	★	★
EX22	★	★	★	★	★	★	★	★	★	★	★	★	★
20A	★	★	★	★	★	★	★	★	★	★	★	★	★

	TH01	PentaD	PentaE	D2S1338	D6S1043	D12S391	D19S433	D1S1656	D2S441	D10S1248	D1S80	F13A01	FESPES
GA(T)418-2003	★												
GA469-2004	★	★	★	★			★				★	★	
GBT21679-2008	★	★	★	★			★						
ID	★			★			★						
SINO				★	★	★							
TYPER15		★	★										
TYPER15 PLUS	★												
PP18	★	★	★			★							
PP21	★	★	★	★		★	★	★					
EX22									★	★			
20A	★		★		★	★							

注：★表示该基因座在相应试剂盒中含有。

五、DNA 数据比对

（一）信息比对

1. 自动比对

系统中同一性比对达到 9 个或以上、三联体亲缘关系比对达到 13 个或以上 STR 基因座匹配的，显示为结果比中。

2. 人工查询比对

我国 DNA 数据库允许在不入库情况下对单个样本 STR 基因型进行手工快速比对操作，其比对优先于正常入库自动比对样本，目的是满足应用单位查询重要信息或重大案件的需求。登录全国 DNA 数据库比对系统，选择"样本比对"目录，点击"快速比对"，手工录入或选择 CODIS 文件导入需要比对的样本 STR 信息，设置比对模式、比配下限、容差上限、是否忽略性别基因，并选择比对目标服务器、数据范围（可以为省级库），最后点击"比对"按钮，提交比对任务，数据库系统即可进行比对，显示比中结果。

（二）比中信息发布

DNA 样本分型信息入库后，与库中所有样本自动比对。分型相同基因座数目达到规定的标准后会自动弹出在发布栏，几种可能的结果是：①现场物证检材之间，或与人员间的 STR 基因分型结果相同，由各检验方再取原检材复核，确定无误后发布信息。②两样品相差一个等位基因时，需要进一步检验。更换试剂盒或增加遗传标记检验，最后确定能否排除。③两样品相差两个或以上等位基因时，系统默认不同，不发布结果。

实现 DNA 数据信息异地查询、资源共享是 DNA 数据库的基本功能。由于库中每一条 DNA 分型信息必然关联特定的个人信息资料或案件资料，所以我国 DNA 数据库查询有严格的查询权限规定，以确保数据库不被无关人员侵入，确保数据信息的安全。

六、DNA 数据库质量控制

如何建立及使用本地区、本国的 DNA 数据库已引起有关国家或地区政府相关职能部门的高度重视。尽管耗资巨大，但随着数据库中信息量的增加，其破案效益将随之递增，这种效益是无法估量的。当然，如何提高投入/效益比是建立 DNA 数据库必须考虑的问题。DNA 数据库能否实现效益最大化，取决于不同实验室样本选择、信息采集、检验分型、比对模式等环节的标准化、质量控制、数据流程是否科学合理，否则就不可能建立高效能的数据库。高效能 DNA 数据库的主要特点是迅速而准确地识别犯罪嫌疑人。它依赖于大规模信息比对和库中信息准确。值得注意的是，有关数据信息入库后，在比对结果核实之前，几乎无法纠错。任何环节有误均可导致假排除或假认定的错误结果，两种后果都十分严重。第一类错误可使犯罪分子逍遥法外，即使再作案也依然被排除；第二类错误可导致错误执法，造成冤假错案，而真正的凶手却逃于法网之外。可见，对技术方法的筛选、参数指标制定、人员及实验条件的审核等一系列质量保证体系的建立是保证数据库数据准确的关键环节。

（一）国外 DNA 数据库质量控制

1. 建立相应的法律法规与标准规范

DNA 数据库建设起步较早的国家和地区均有专门的法律、法规保证数据库的质量，如英国的《警察与刑事证据法》（Police and Criminal Evidence Act）、美国的《联邦 DNA 鉴定法》（DNA Identification Act）、加拿大的《DNA 鉴定法》（DNA Identification Regulations Act）、新西兰的《犯罪调查身体取样法》（Criminal Investigation Bodily Samples Amendment Act）。此外，欧美等发达国家在20世纪80年代末就成立了DNA检验标准化及质量控制方面的机构，负责制定及落实DNA检验技术方法及检验程序，制定标准化及质量控制体系文件。国际法医血液遗传学会（International Society for Forensic Haemo-genetics，ISFH）、欧洲DNA分型小组（European DNA Profiling Group，EDNAP）、美国DNA分析方法技术工作小组（Technical Working Group on DNA Analysis Methods，TWGDAM）、拉丁美洲DNA分析工作小组（Group Iberoamericano de Trabajo en el Analysis del DNA，GITAD）等机构在制定DNA分型技术标准和质量保证体系方面均有较大的影响力。

2. 样本采集环节的质量控制

DNA数据库采集哪些样本，直接关系到数据库发挥作用的大小，国外许多国家以立法形式确定了采样规定。基于法律、道德、人权及财力等方面的考虑，不同国家、地区有一定的差别。

英国建立前科库主要为三种对象：①夜间盗窃者；②性犯罪；③暴力犯罪。但若侦察需要，警察也可采集其他有违法记录者的样本。特别是因其他犯罪而被监禁者，警察如怀疑其犯有上述三类罪行之一，同样可以提取其生物检材。警察在理解这三类犯罪方面也有宽松余地，如偷盗妇女内衣，预示其可能进行恶性性犯罪，虽然指控只是偷盗，但获取这类案犯的DNA数据入库十分有价值，因而可以提取其样本进行DNA分析。另外，吸毒犯罪往往与恶性暴力案件有关，FSS建议应提取这类罪犯的样本建库。对于法案中规定的罪犯，警方可以强制取样，从而保证警察取样的合法性。但英国法律同时规定提取体内样本只有在供方同意的情况下方可进行。针对这一限制，新法案对体内样本进行了重新定义，对拔取毛根及提取口腔拭子不被认为是提取体内样本，并规定样本不够时，警察可以重新取样。这一规定可以确保满足DNA分型之需的样品。样本采集由相关警察局组织实施，包括填写条形码或个人资料表格等，实施并记录提取样本（每个个体2份）、包装和送检过程及相关信息。FSS为此专门生产了样本提取专用试剂盒、提取拭子、条码试管、个人资料记录表格，以保证所提取样本不受污染，所送检样本真实可信。

美国CODIS系统原则上以各种暴力犯罪为建库对象，尽管各州法案条款规定不尽相同，但都包括色情性犯罪者，CODIS系统主要包括四类DNA样本分析数据：①案件现场生物检材分型结果；②各州法律规定可录取的犯人DNA分型结果；③无名尸体及失踪者亲属样本DNA分型结果；④以统计分析为目的的群体样本数据。根据各州不同的法律，可以提取血液、唾液、毛发。FBI对取证的采集方法、送交、保存、编号、记录等程序都有严格的规定，成为数据库质量保证体系的重要组成部分。美国《FBI法庭服务手册》规定，DNA证据可以从血液、血迹、精液、精斑、唾液、尿液、头发、组织、骨头、牙齿中取得。取证时要根据物证的特点，遵照手册中有关程序，做到有效取证、尽量不污染物证和破坏物证原始状态。取证时，还要把相同条件的空白对照交给实验室。这样的取证程序同样是为了保证DNA数据的完整性、法律的权威性。

对于目前使用的PCR技术而言，只要微量（pg～ng水平）的DNA就足以进行扩增分型，所以不论是取口腔拭子或取血纱都可作为建库样本，只是对采集方法、程序、送检、保存、编号、记录等必须作详尽的规定，以防出现样本污染或其他不应有的差错。

3. 检验环节的质量控制

（1）英国。

英国从开始用单位点探针杂交技术建库时就十分重视质量控制，一直把输入数据正确作为首要工作。对样本存放、DNA 提取方法、定量、扩增 DNA 模板用量、扩增程序、试剂、电泳分析方法、设备等均作了详尽的规定，对操作流程及模式实现制度化。对人员进行专门培训，并实行严格的淘汰性测试。等位基因分析由 2 名操作员独立进行，并由另一名技术人员处理 2 套结果间差异，在实验室成立分工小组，每组领队负责监督实验流程。除流程控制外，成立专门技术工作小组，每个月取检测样本的 10% 用于盲测，每周也将查找不完全匹配样本进行复核检测，确保等位基因型判读的准确性。为 DNA 数据库质量控制积累了很好的经验。

1）人员分工。FSS 需用 2 周时间对本科生培训，才可让他们进行样本抽提、定量、扩增及电泳上样、电泳结果分析，而确定基因型则需要进行 3 个月培训，培训期间不断进行能力测试。开始他们将 126 名人员采用流水作业的方式，技术人员分组负责检验过程的某一个环节，看上去这种方式有利于安排时间，对于完成实验计划及合理利用人力资源有利，而且每人仅负责一个环节，如抽提、定量、扩增等，分工十分精细，但实践证明这种高水准的重复劳动效果并不理想，工作效率不高，且总体成功率较低，重新分析数据数量较多。后来，126 名成员中的 76 名垂直分成 6 组，每组从接受样本一直到实验最后完成，从头到尾负责到底，同时将设备进行分配。事实证明，这样每一小组对实验的任一环节都要负责，管理层通过对不同组的工作表现及成绩相互参照比对，促使各组工作效率提高。在这种情况之下，每组都有每个月的指标，然后在组内层层落实到每个人，负责人进行流程监督，对每日工作量、每月入库量等进行统计。

2）样本管理。数据库小组每天收到 500～600 个样品盒。由地方警察局完成将带有条形码的个人资料标记于样品盒上，这些信息由数据录入员负责处理转换成电子表格，并与以后输入相应的 DNA 分型结果关联。

3）检验。检验者将 2 根口腔拭子的一根置于 −80 ℃ 冰箱保存，另一根进行检验，提取的 DNA 用专用 DNA 定量试剂盒定量，DNA 模板用量 1～5 ng。电泳常规包括：①2 个等位基因阶梯泳道；②PCR 阴性及阳性对照各 1 个泳道；③已知阴性及阳性对照各 1 个泳道。等位基因分析及命名由 2 个技术人员独立完成，用软件比对两套分析结果，并由另一名技术人员负责处理两套结果的差异性。

4）质量检查。除了正常的程序控制及流程控制外，还有许多附加的质量检测控制体系，质量控制小组每月要取已检测过样本的 10% 复检，观察前后检验结果是否相同，同时每月还要掺入警察局交来的已知来源及基因型样本与送检样本一起交给测试组用于盲测，以考核测试组。除对实验室的技术参数、技术方法、检测流程进行严格控制外，行业外的进一步审查由英国指定的服务中心（The United Kingdom Accreditation Service）等行使管理职能。

5）比对。当输入 DNA 分型信息入数据库后，根据用户需要进行搜索，将输入信息与数据库中所有其他人员及现场数据进行比对，如果分型结果与某一检验结果匹配，第二根口腔拭子将被取出一半单独再次检验，如复检结果仍匹配，经确证结果后可发检验报告给警方。每个实验室还要负责对不完全匹配的样本（如相差 1～2 个基因座）重复检验，保证所测样本不发生等位基因判读错误。

报告书将详细报告匹配结果，如涉及多个部门，所有各方都被告知，然后案情小组将对嫌疑人再次取样,用于分析检验其他检验项目,观察其他检验项目是否完全匹配。

(2) 美国。

为了保证 CODIS 数据库中的信息准确,美国 DNA 咨询委员会 (DNA advisory bureau, DAB) 向 FBI 推荐建立了一套质量保证标准——DNA 法庭检测实验室质量保证标准。这一套标准已经在 1998 年 10 月 1 日起生效,它规定的范围很广,从质量保证程序,组织管理,职员、人员考核,设备、物证控制,分析程序,报告,核查,纠错,安全等诸多方面对实验室进行了全面的规定。进行 DNA 法庭检验的实验室必须遵守《DNA 法庭检验实验室质量保证标准》。这套标准成为 CODIS 建库的质量保证体系的主体。

在人员管理上有其严格的规定。实验室的职员都应该具有符合要求的学历、培训和实验室经验。实验室还有职员教育培训安排和描述职员工作职责的文件。实验室有一个权威的领导,负责管理所有资源及人力分工。还有一个技术主管负责技术方面的管理。技术主管应该具有相关领域硕士以上学历,有 3 年以上的法庭 DNA 实验室工作经验,其主要职责是提供技术咨询、管理技术操作、负责评估和修改法庭鉴定中所用的方法和程序。案件检验的主角是测试员/分析员,他们起码应该有相关领域学士学位,6 个月的法庭 DNA 实验室经验,并通过了资格考试。他们的主要职责是独立地完成案件的分析和报告。实验室还需要经过专门训练、通过资格考试的技术人员,来协助测试员/分析员的工作。实验室一些其他的支持人员则负责别的事务,他们的上岗资格是根据具体的职责,由实验室工作描述记录规定。各职员的责任、权力、相互关系应该得到明确,以建立严格的实验室组织管理。

实验室不能随意进入;不同实验过程在不同的时间和空间进行;进入实验室的物证要得到很好的保护、保存,文件要记录和标记;实验室进行的实验操作都是经过技术主管研究和书面确立的;设备应该保持清洁和监控,在需要的时候要进行校准;所有的实验报告和文件要完整,并接受复查,以便及时发现错误并改正;同时每年都要进行审查,以确认实验室符合标准的规定。在这样一套标准的保证下,CODIS 系统的数据是科学严谨、具备法律权威性的。

除了遵循 DNA 检验中的质量保证体系外,在规定建库的方法标准后,为了确保入库数据的准确性,还增加了许多措施,CODIS 系统在实验质检方面具有代表性,措施如下:①每批次检验,均有已知标准对照。②每批次有 10% 以上盲测样本进行重复检验。③质量保证工作组每月将 5 个已知分型结果的样本混入送检样本中。④每周进行匹配检查,检查是否有错误命名。⑤通过行业外 ISO9000 认证体系进行检查及审核。

只有完全符合上述条件的实验室才可继续检验,否则将取消资格,直至重新复查合格后方可继续进行并使用 CODIS 系统。在大量系统建库样本储存 DNA 数据之前,必须制定接触、检验、使用 DNA 样本及 DNA 数据库的法律条文及相应的处罚条例,以防止错用和滥用 DNA 数据库的资料。美国州及地方实验室进入 CODIS 系统也有严格的条例规定,受到联邦政府的限制,这既是保密的需要,也是质量控制的需要。为了加速 DNA 建库,不断增加 CODIS 系统在调查犯罪方面的应用价值,FBI 主动与州及地方实验室合作,支持州及地方立法同意 DNA 建库,由 FBI 提供计算机及分析软件和网络服务,并通过培训及技术支持将 FBI 认为成熟、行之有效的检验方法及标准传授给州及地方实验室,以加速 CODIS 系统的建立,扩充 CODIS 系统的数据及信息。

(二) 我国 DNA 数据库质控体系

我国 DNA 数据库虽然起步较晚，但经过十几年的发展，总体规模和效益已经居世界第一。在 DNA 检验技术及 DNA 数据库建设和质控体系方面不断取得新突破。

1. 法律法规

2012 年 3 月 14 日第十一届全国人民代表大会第五次会议审议修正的《中华人民共和国刑事诉讼法》第一百三十条第一款规定："为了确定被害人、犯罪嫌疑人的某些特征、伤害情况或者生理状态，可以对人身进行检查，可以提取指纹信息，采集血液、尿液等生物样本。"为采集被害人、犯罪嫌疑人的生物样本提供了法律依据。由于法律条文不可能一一列举，因此规定了"等"。即在侦查活动中，为了确定被害人、犯罪嫌疑人的某些特征、伤害情况或者生理状态，对有关生物样本都可采集。还包括出自或者附着于人身的生物样本。但要注意的是，如果操作不当会侵犯公民的合法权利，所以范围仅限于查明案件事实和确定被害人、犯罪嫌疑人的某些生物特征的需要，不得随意采集。执行主体应为依法对案件行使侦查权的侦查人员或经授权的医务人员。第二款规定："犯罪嫌疑人如果拒绝检查，侦查人员如果认为有必要的时候，可以强制检查。"赋予了侦查人员强制检查权，即可对犯罪嫌疑人强行进行人身检查，提取生物样本。但要注意的是，执行强制检查是"必要的时候"，指不执行强制检查，人身检查任务无法完成，侦查活动无法正常进行，而且经耐心说服教育，犯罪嫌疑人仍拒不接受检查，才可对被害人进行强制的人身检查，提取生物样本。虽然我国目前还没有专门针对 DNA 数据库的法律，但该条款为样本采集、比对、应用提供了法律保障。公安机关制定了《公安机关 DNA 实验室等级评定办法（试行）》等规范文件，公安部还定期对 DNA 数据库联网的实验室进行考核和盲测，要求所有 DNA 检验室参加国家实验室认可，这些都为规范 DNA 实验室与 DNA 数据库建设提供了强力保证。

2. 技术规范

我国 DNA 检验标准化及质量控制等学术组织包括公安部 DNA 工作专家组、全国刑事技术标准化委员会法医分会、中国法医学会法医物证学专业委员会、中国法医学会法医物证学专家组等。全国刑事技术标准化委员会针对我国 DNA 检验及 DNA 数据库建设，先后颁布了《法庭科学 DNA 实验室检验规范》[GA（T）383—2002]、《法庭科学 DNA 数据库建设规范》[GA（T）418—2003]、《法庭科学 DNA 数据库选用的基因座及其数据结构》（GA469—2004）等行业标准、《法庭科学 DNA 数据库建设规范》（GB T21679—2008）等国家标准。规定了法庭科学 DNA 数据库建库对象、样本采集、建库要求、建库程序、基因座选择等与质量控制有关的内容。

（1）样本采集规定。建库人员样本包括：①违法犯罪前科人员自身的 DNA 样本。②侦查工作中审查违法犯罪嫌疑人员自身的 DNA 样本。③身份不明个体包括未知名尸体、灾难死者、被拐儿童以及其他身份不明个体的 DNA 样本；强奸致孕所生子女或引产胎儿的生物学父亲作为身份不明个体，取被害人及其子女或引产胎儿的 DNA 样本。④可能为失踪人员本人的 DNA 样本。⑤失踪人员直系血亲的 DNA 样本。⑥以统计分析基础信息为目的的地域、种族等相同的无关个体 DNA 样本。⑦公安机关认为在办案中有必要采集的其他样本。应有专门人员管理样本、建立专门样本库。所有检材需要留置 1/2 样本入储存室备查，按5%比例将已知样本随机插入待测样本中，比较结果的重复性。

（2）建库实验室要求。承担法庭科学DNA数据库建设的实验室应建立程序文件，具备查询案件记录及检测报告的检索方法和程序，确保每个所调查的案件和检验的样品都具备相应的记录。必须通过公安部等主管部门组织的认可验收。

（3）建库人员要求。参与建库的人员应有明确职责，参加全面考核，考核取得相应资格后，才可参加本项工作。应对建库人员进行定期的盲测、考核。建库人员须满足以下要求：①实验室主任应具备学士以上学位、具有副主任法医师以上专业技术职务资格，专业为生物学、法医学或相关学科，5年以上法庭科学DNA检案检验，了解DNA分型的进展。②数据库管理员应具备生命科学学士以上学位，有DNA分析技术和DNA数据分型方面的专业知识，具有中级以上专业技术职务资格及鉴定资格，同时有计算机、计算机网络和计算机数据库管理方面的经验。③检案人员应具备学士以上学位，具有专业技术职务资格及鉴定资格，专业为生物学、法医学或相关学科，3个月以上在省级DNA实验室接受DNA检验技术培训的经历，1年以上在法庭科学DNA实验室工作的经历，通过资格测试。④技术辅助人员应具备大专以上学历，半年以上在职培训的经历，并通过技能考核。

（4）仪器和试剂要求。①实验室应确定关键试剂，并在使用前对其进行评估。关键试剂包括：基因分析试剂盒、阳性对照DNA样品和 Taq DNA聚合酶。②商品试剂盒应标明到货日期和有效期，实验室的试剂应在容器上标明名称、浓度、配制时间、保存条件、失效日期、配制人等。检验用试剂应进行定期质量检测。③实验室应配置其应用的实验方法所必需的仪器设备，并定期进行检修、维护、校正。④购置的仪器设备或原有仪器设备维修保养后，在使用前应校准。

（5）设施与环境条件。①DNA实验室至少设置提取、PCR反应、检测3个区域。②对常量样本（如人员样本）、微量样本（如接触性检材）和腐败样本（如腐败骨骼）的检测工作应分开在不同区间进行。③物证或样品的保存条件应以防丢失、防变质、防污染及保持物证完整性和其特性为原则。物证或样品存放区应具有防盗、防外界干扰等安全措施，而且能够对进入物证或样品存放区的人或物加以控制。

（6）操作手册。①实验室所用的各种DNA提取方法、DNA定量方法和DNA分型方法。②实验室各种仪器的操作使用方法。③各种试剂的配制、保存方法及剂量。均应具有操作手册。

（7）说明书。商品试剂盒说明书及主要仪器设备使用说明书。

（8）归档及相关资料。①案件登记类：包括接案记录、检材保管或返回记录、检验中交接记录、鉴定文书发放记录等。②人员信息记录类：包括个人培训记录、资格考核记录等。③检验记录类：包括DNA提取记录、PCR反应记录、电泳检测记录等。④鉴定文书类：包括鉴定书或检验报告、检验结果图谱、数据分析等。⑤仪器类：包括仪器的使用、维修、校准记录等。⑥储存试剂、耗材的清单。⑦各种实验室测试记录。⑧方法认可记录。主要包括最初技术评估的书面记录；法医DNA新的检测技术应用前要进行技术评估，以保证其准确性、精确性和可靠性；实验室规定的内部技术评估；采用权威部门发布的，或有关科技著作发表的，或已有定论的方法。⑨质量控制守则及核查记录。⑩频率调查数据及计算方法，包括频率调查的数目、来源及民族、各种概率的计算方法等。

（9）实验室核查。实验室核查是由专门委员会的专家成员并实施的，目的是对实验室的质量控制水平加以评估。核查包括前文所规定的各项内容,至少每2年进行1次。核查后应出具报告,内容包括:核查日期、核查项目、核查者、发现的问题及建议改进措施、下次核查计划等。

(10) 实验室安全。DNA 实验室应遵守政府的一切安全规定,同时需制定特殊的安全操作守则并使每个成员熟知这些守则。有关化学药品的存放及弃置应有专门程序和记录。此外还必须取得国家实验室认可。每2年参加其他机构组织的盲测与考核不少于1次。

实验二十三　数据库使用练习

组织学生参观广州市公安局或广东省公安厅 DNA 数据库,在公安局老师指导下对数据库数据进行比对练习。

(1) DNA 数据的建立需要哪些步骤?
(2) 某个体 STR 分型数据如何与数据库中的数据进行比对?
(3) 如何保证数据库数据的可靠性?

第六章 法医物证学新技术和实验介绍

近年来，科学技术的快速发展，特别是分子生物学技术的快速发展，为法医物证学新理论的研究和新技术的应用带来了巨大的机会。本章主要介绍近年来物证检验技术的研究热点和部分尝试用于法医学鉴定的新技术。

一、RNA 多态性及分析技术

（一）RNA 分子大小的多态性

RNA 的种类有 mRNA、tRNA、rRNA、snRNA、siRNA、miRNA 等。它们的分子量大小也差异巨大，如 mRNA 可能由几千个甚至上万个核苷酸构成，而 tRNA 则多由 70～90 个单核苷酸构成，rRNA 则与蛋白质构成核蛋白体，snRNA 一般由 100～215 个核苷酸构成，siRNA 则由 21～25 核苷酸构成，因此也表现出分子量多态性的特性。众所周知的真核生物 rRNA 有 5SrRNA、5.8SrRNA、18SrRNA 和 28SrRNA。

（二）结构和功能的多样性

RNA 的分子结构也呈现多样性，有线性结构、发夹结构、三叶草结构等，有些 RNA 分子中还含有相当多的稀有碱基，这些结构上的差异也为 RNA 鉴定提供了依据。mRNA 的功能就是把 DNA 上的遗传信息精确无误地转录下来，然后再由 mRNA 的碱基顺序（构成密码子）翻译成蛋白质的氨基酸顺序，完成基因表达过程中的遗传信息传递过程。tRNA 将氨基酸搬运到核糖体上用于合成蛋白质。rRNA 一般与核糖体蛋白质结合在一起，形成核糖体，为蛋白质合成提供场所。siRNA 可激发与之互补的目标 mRNA 的沉默。

（三）表达和组织分布的多态性

表达位点标签（expressed sequence tag，EST）是从一个随机选择的 cDNA 克隆进行 5′ 端和 3′ 端单次测序获得的短的 cDNA 部分序列，代表一个完整基因的小部分，在数据库中其长度一般为 20～7 000 bp，平均长度为（360±120）bp。EST 来源于一定环境下一个组织总 mRNA 所构建的 cDNA 文库，因此 EST 也能说明该组织中各基因的表达水平。人类基因组研究中的"cDNA 战略"，即只测定转录的 DNA 序列，也就是测定基因转录产物 mRNA 反转录产生的互补 DNA-cDNA 序列。cDNA 代表了基因中编码蛋白质的序列。EST 则是 cDNA 的一个片段，一般长 200～400 个核苷酸对（bp）。一个全长的 cDNA 分子可以有许多个 EST，但特定的 EST 有时可以代表某个特定的 cDNA 分子。mRNA 是 DNA 及其表达产物蛋白质的中间媒介，又由于基因在不同组织表达不同，某些基因在一些组织有表达，在另一些组织没有表达。不同组织由不同细胞构成，每一个细胞有该组织自身的 EST。

根据 Tag 的特性，组织特异性 mRNA 可以用于法医学同一个体不同组织来源的体液鉴定，也可用于体液、分泌物和排泄物的种类和种属来源鉴定。这是一类新型的多态性 RNA 标记，其法医学应用价值巨大，是近年研究的热点。

（四）RNA 的提取和纯化原则

RNA 的提取和纯化是进行 RNA 分析的基础，如 Northern blot、RT-PCR 均需要分离和纯化 RNA。所有 RNA 的提取过程中都有 5 个关键点：①样品细胞或组织的有效破碎；②有效地使核蛋白复合体变性；③对内源 RNA 酶的有效抑制；④有效地将 RNA 从 DNA 和蛋白混合物中分离；⑤对于多糖含量高的样品还牵涉多糖杂质的有效除去。但其中最关键的是抑制 RNA 酶活性。

RNA 的提取目前主要可采用 2 种途径：①提取总核酸，再用氯化锂将 RNA 沉淀出来。这种方法将导致小分子量 RNA 的丢失，目前使用频率已很低。②直接在酸性条件下抽提，酸性条件下 DNA 与蛋白质进入有机相而 RNA 留在水相。

（五）RNA 提取的若干问题

（1）在提取 RNA 时，细胞的裂解度、核蛋白复合体降解和分离均会影响 RNA 释放。操作中常需加溶菌酶或蛋白酶 K，如无核酸水解酶存在，酶促反应时间越长越好。

（2）RNA 提取产量低的原因有许多：样品保存过久，样品用量太少，样品 RNA 降解，白细胞裂解不完全，沉淀、洗涤和溶解不彻底，RNase 灭活不彻底，等等。

（3）RNA 提取质量可以用琼脂糖凝胶电泳检测其完整性和相对含量；用紫外光吸收法检测其纯度、含量和杂质。OD_{260}/OD_{280} 为 1.9～2.1 时纯度较好。比值如果过低，可能有蛋白质污染，过高则 RNA 可能已发生降解，详见本书第三章"三、核酸定量分析及注意事项"。

（4）许多生物材料在提取核酸时，都会遇到多糖的污染问题。在用有机溶剂沉淀时，沉淀很多，溶液黏度很大，再溶解时，大量沉淀不溶，电泳观察核酸含量很低。解决多糖污染的问题，可以用下列办法：①用 CTAB 反复多次抽提。②在用有机溶剂沉淀分离核酸时，先稀释样品浓度（可至 10 倍左右）再进行沉淀。③在有机溶剂沉淀时选用异丙醇和 5 mol/L 氯化钠作为沉淀溶剂，此时氯化钠的用量可用到 1/5～1/2 体积，异丙醇可用到 0.6～1.0 倍体积。异丙醇沉淀核酸时，高浓度盐可使大量多糖溶入溶液中，从而可去除多糖。但高浓度的盐会影响核酸的后续操作，因此必须用乙醇多次洗涤而脱盐。

（5）经提取和纯化的 RNA 中会含有微量的基因组 DNA，如希望得到不含 DNA（DNA free）的 RNA 样品，可用不含 RNA 酶（RNase free）的 DNase Ⅰ 处理该 RNA 样品。

（6）细胞和组织在 RNA 抽提液中都可以保存一段时间，因为几乎所有的 RNA 的抽提裂解液中都含有高浓度的异硫氰酸胍等强变性剂，RNase 是无活性的，但经抽提、离心分离上清后，其 RNA 已没有保护，此时操作和保存要特别小心，不能污染 RNase。

（7）全血 RNA 提取用 Trizol 试剂，可先用淋巴细胞分离液分离得到单独的有核细胞，然后用一般 Trizol 试剂提取 RNA。

(8) 在提取核酸（DNA、RNA）时，如样品浓度低，则应增加有机溶剂沉淀时间，-70 ℃下 30 min，-20 ℃过夜将有助于增加核酸的沉淀量。

(9) 提取 RNA 所用玻璃器皿可高温灭活（160 ℃烘烤 4～5 h）去除 RNase；所用塑料制品（如枪头、电泳槽、移液器等）都需要通过 DEPC 或氢氧化钠处理，严格去除 RNase 后才可使用。

（六）RNA 多态性分析技术

RNA 多态性标记一直被认为不适合作为法医物证科学研究和鉴定用的遗传标记。然而最新研究发现，某些 RNA 分子远比人们想象的稳定，如干燥血痕样本中的 RNA，通过相应的 RNA 分析技术可以检测出体液中 RNA 在不同组织表达的差异；死后个体不同组织中特异性表达 RNA 分子，利用 RNA 分子的降解与时间的相关性可为案件的侦破起到一定的指示作用。目前，应用于法医物证学领域中较常见的 RNA 检测方法有 RNA 分离纯化技术、Northern blot 法、原位杂交（insitu hybridization）法、RNA 指纹分析技术、RT-PCR（reverse transcription polymorphism chain reaction）法、RNA 测序技术及最新发现应用于小 RNA 分子研究的微阵列技术等。这些技术方法不同程度上满足了法医学中微量 RNA 检测的需要，能够很好地应用于法医学痕量样本的检测。随着这些 RNA 分析技术的发展和成熟，它们将被更广泛地应用于法医物证学检验中。

实验二十四　RNA 提取及定量（选做）

（一）总 RNA 的快速试剂（盒）提取法

1. 细胞或组织快速试剂（盒）提取

【原理】总 RNA 提取试剂盒一般采用两种 RNA 酶抑制剂，异硫氰酸胍（guanidine thiocyanate，GITC）和 β-巯基乙醇，要求操作在冰浴中进行，以降低 RNA 的降解速率。GITC 和 N-十二烷基肌氨酸钠的联合使用，将促使核蛋白复合体解离，使 RNA 与蛋白质分离，并将 RNA 释放到溶液中。而进一步从复合体中纯化 RNA，则采用酸性酚-氯仿抽提液抽提。低 pH 的酚将使 RNA 进入水相，这样使其与仍留在有机相中的蛋白质和 DNA 分离。水相中的 RNA 可用异丙醇沉淀浓缩。进一步将上述 RNA 沉淀复溶于 GITC 溶液中，接着用异丙醇进行二次沉淀，随后用乙醇洗涤沉淀，即可去除所有残留的蛋白质和无机盐。

[试剂与设备] RNA 提取试剂盒、0.05% 焦碳酸二乙酯（DEPC）水、75% 乙醇、异丙醇。恒温水浴箱、冷冻高速离心机、紫外分光光度计、移液器、电泳仪、电泳槽。

【操作】

(1) 培养细胞的破碎：

1) 细胞收集：含一定浓度的细胞培养液置于无菌离心管中，4 ℃，3 000 g 离心 5 min。

2) 细胞洗涤：用 25 mL 灭菌后冰冻的 1×PBS 缓冲液洗涤细胞，然后 4 ℃，3 000 g 离心 5 min。

3) 细胞破碎：在沉淀细胞中加入 15 mL 预冷的变性液，用无菌处理过的匀浆器匀浆。

(2) 组织破碎：

1）取12 mL变性液置于50 mL离心管中，将此离心管放于冰浴中5 min。

2）在上述管中加入1 g新鲜或冰冻组织，匀浆粉碎。

(3) RNA的抽提：

1）取经变性液匀浆的细胞或组织600 μL，加60 μL pH为4.0的2 mol/L乙酸钠溶液，混匀，可用漩涡振荡器混匀。

2）600 μL酚-氯仿-异戊醇混合液（酚:氯仿:异戊醇=25:24:1），彻底混匀或漩涡振荡器振荡10 s。置冰水中10～15 min，4 ℃ 10 000 g离心20 min。

3）取上层至另一无菌离心管中加入等体积的异丙醇，-70 ℃放置30 min，沉淀RNA。4 ℃ 10 000 g离心20 min。

4）沉淀冷冻干燥15 min，RNA沉淀重新溶于300 μL变性液中，可振荡（有时为了帮助溶解，可在65 ℃加热，但时间应极短）。

【注意事项】

(1) 提取RNA的组织应用新鲜组织，或放置于液氮冻存的组织。

(2) 所有试剂应经过预冷，在冰上操作。

(3) 变性液组成：25 g异硫氰酸胍溶于33 mL CSB（42 mmol/L pH=4.0的乙酸钠、0.83%十二烷基肌氨酸钠、0.2 mmol/L β-巯基乙醇），65 ℃溶解，过滤灭菌，4 ℃预冷。

(4) 酸性酚配制：55 ℃时，500 g酚溶入500 mL 50 mmol/L（pH=4.0）的乙酸钠溶液，混匀，静止分层后，弃上清液，再重复加500 mL 50 mmol/L，pH=4.0乙酸钠溶液，直到溶液pH<4.1。

(5) RNA提取所用纯水及配制试剂的用水必须经DEPC处理。

2. 全血RNA快速提取（Trizol法）

【原理】Trizol是一种新型总RNA抽提试剂，可以直接从细胞或组织中提取总RNA。其中含有苯酚、异硫氰酸胍等物质，能迅速破碎细胞并抑制细胞释放出的核酸酶。Trizol在破碎和溶解细胞时能保持RNA的完整性，因此对纯化DNA及标准化RNA的生产十分有用。Trizol中苯酚的主要作用是裂解细胞，使细胞中的蛋白、核酸物质解聚得到释放。Trizol中加入8-羟基喹啉、异硫氰酸胍、β-巯基乙醇等用来抑制内源和外源RNase活性。0.1%的8-羟基喹啉可以抑制RNase，与氯仿联合使用可增强抑制作用；异硫氰酸胍属于解偶联剂，是一类强力的蛋白质变性剂，可溶解蛋白质并使蛋白质二级结构消失，导致细胞结构降解，核蛋白迅速与核酸分离；β-巯基乙醇的主要作用是破坏RNase蛋白质中的二硫键。

【试剂】

(1) Trizol试剂。

(2) 其他试剂同细胞或组织快速提取试剂。

【操作】

(1) 将储存浓度的红细胞裂解液用DEPC处理水稀释到应用浓度。

(2) 在红细胞裂解液中加入β-巯基乙醇至终浓度1%，现用现配。

(3) 在RNase free离心管中，按照1:3的体积比加入抗凝新鲜血液和红细胞裂解液，颠倒混匀。

(4) 室温放置10 min，期间颠倒混匀数次。为防RNA降解，裂解可在冰上进行，但时间要长一些。

(5) 12 000 r/min 离心 20 s，并小心地弃去上清液。

(6) 涡旋振荡，将白细胞沉淀完全混匀，加入 100～350 μL（<0.5 mL 全血）裂解液，吹打混匀后用手剧烈振荡 20 s，充分裂解白细胞。

(7) 加 Trizol 试剂 1 mL，放置 5～10 min。

(8) 加入 350 μL 氯仿，充分振荡混匀，静止分层后，立即于 4 ℃，12000 r/min 离心 20 min。上清移至另一离心管。

(9) 加等体积的异丙醇（4 ℃预冷）混匀，-20 ℃放置 1 h，4 ℃ 12 000 r/min 离心 20 min，沉淀加入 0.15 mL 75% 乙醇洗涤，4 ℃，12 000 r/min 离心 10 min，弃去乙醇，室温放置 10 min，加适量 DEPC 处理过的水溶解沉淀，-80 ℃保存备用。

【注意事项】

(1) 提取 RNA 血液要新鲜。

(2) 所有试剂、器材防止 RNase 污染。

(3) 某些病人血样中白细胞数量可能大幅增加，应该适当减少处理量。

(4) 白细胞裂解要彻底。

(5) 异丙醇沉淀和乙醇洗涤后的上清尽可能地吸干、弃去，残留过多会稀释裂解液，造成裂解结合异常，产量纯度降低。

（二）氯化锂法提取总 RNA

【原理】本方法用高浓度尿素变性蛋白并抑制 RNA 酶，用氯化锂选择沉淀 RNA，其特别适合于从大量样品中提取少量组织 RNA，具有快速简洁的优点，但也存在少量 DNA 的污染及 RNA 得率不高，小片段 RNA 丢失的缺陷。

【试剂】

(1) 氯化锂-尿素溶液：取 3 mol/L 氯化锂 126 g，6 mol/L 尿素 360 g 加水至 1 L，过滤灭菌，备用。

(2) 悬浮液：10 mmol/L Tris-HCl（pH=7.6），1 mmol/L EDTA（pH=8.0），0.5% SDS。

(3) 其余试剂同"细胞或组织快速试剂（盒）提取"。

【操作】

(1) 对于大量组织或细胞，每克组织或细胞加入 5～10 mL 氯化锂-尿素溶液，高速匀浆 2 min；对于少量细胞（<10^7 个细胞/mL），则每克组织或细胞加入 0.5 mL 氯化锂-尿素溶液手工匀浆，并转移至离心管内。

(2) 匀浆液在 0～4 ℃放置 4 h 后，12 000 g 离心 30 min。

(3) 取沉淀，加入原匀浆液 1/2 体积的氯化锂-尿素溶液，重复步骤（2）。

(4) 沉淀用原匀浆液 1/2 体积的氯化锂-尿素溶液复溶后，加入等体积酚-氯仿-异戊醇混合液，混匀，室温放置 15～30 min 并不时摇动混匀，4 000 g 离心 5 min。

(5) 取上层水相，加 1/10 倍体积的 3 mol/L 乙酸钠（pH=5.2）及 2 倍体积的乙醇，-20 ℃放置 1 h，5 000 g 离心。

(6) 70% 乙醇洗沉淀 1 次，真空干燥。

（7）RNA 溶解液溶解沉淀，分装，于 -70 ℃保存。

【注意事项】

（1）在沉淀核酸时可用乙醇与异丙醇，乙醇的极性要强于异丙醇，所以一般用 2 倍体积的乙醇沉淀，但在多糖、蛋白含量高时，用异丙醇沉淀可部分克服这种污染，尤其用异丙醇在室温下沉淀对摆脱多糖、杂蛋白污染更为有效。

（2）本法用于 RNA 提取有许多改良的报道，主要是针对多糖及酚类物质进行改良，使用时可根据样品种类选用不同改良方法。

实验二十五　TaqMan 探针实时荧光定量 PCR 技术（选做）

【原理】PCR 扩增在加入一对引物的同时加入一个特异性的荧光探针，该探针为一寡核苷酸，两端分别标记一个报告荧光基团和一个淬灭荧光基团。探针完整时，报告基团发射的荧光信号被淬灭基团吸收；PCR 开始时，探针结合在 DNA 任意一条单链上；PCR 扩增时，*Taq* 酶的 5′端到 3′端外切酶活性将探针酶切降解，使报告荧光基团和淬灭荧光基团分离，从而荧光监测系统可接收到荧光信号，即每扩增一条 DNA 链，就有一个荧光分子形成，实现了荧光信号的累积与 PCR 产物形成完全同步。如图 6-1 所示。

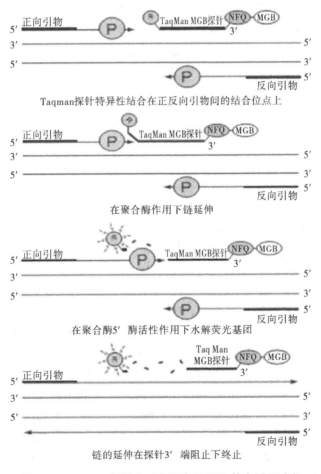

图 6-1　TaqMan 探针实时荧光定量 PCR 技术原理示意

【试剂与耗材】
荧光定量试剂盒、逆转录试剂、TE（自配）、96孔反应板、光学盖膜。
【操作】
（1）标准品的稀释：详见试剂盒具体操作说明。96孔板上标准品和样品摆放见表6-1。

（2）PCR反应（以 Quantifiler® Duo DNA Quantification Kit 为例）：①计算试剂用量，混合，加样。②每孔分 23 μL 反应混合液。③每孔加 2 μL 样品、标准品或者对照品。④96孔反应板的安排举例如表6-1。⑤加完样后，盖上光学膜，用方形膜盖刮子（随机带的）横直刮平盖膜，离心，将96孔板放进荧光定量PCR仪。

表6-1　96孔板上标准品和样品摆放方式

	1	2	3	4	5	6	7	8	9	10	11	12
A	Std 1	Std 1	UNKN	UNKN	UNKN	UNKN	Std 1	Std 1	UNKN	UNKN	UNKN	UNKN
B	Std 2	Std 2	UNKN	UNKN	UNKN	UNKN	Std 2	Std 2	UNKN	UNKN	UNKN	UNKN
C	Std 3	Std 3	UNKN	UNKN	UNKN	UNKN	Std 3	Std 3	UNKN	UNKN	UNKN	UNKN
D	Std 4	Std 4	UNKN	UNKN	UNKN	UNKN	Std 4	Std 4	UNKN	UNKN	UNKN	UNKN
E	Std 5	Std 5	UNKN	UNKN	UNKN	UNKN	Std 5	Std 5	UNKN	UNKN	UNKN	UNKN
F	Std 6	Std 6	UNKN	UNKN	UNKN	UNKN	Std 6	Std 6	UNKN	UNKN	UNKN	UNKN
G	Std 7	Std 7	UNKN	UNKN	UNKN	UNKN	Std 7	Std 7	UNKN	UNKN	UNKN	UNKN
H	Std 8	Std 8	UNKN	UNKN	UNKN	UNKN	Std 8	Std 8	UNKN	UNKN	UNKN	UNKN

注：Std 表示标准化，UNKN 为样品或对照孔。

（3）开机。首先启动电脑，进入 Windows 操作系统。然后打开7500主机的电源。待主机的电源指示灯点亮后，最后启动7500 SDS 应用软件。

（4）软件运行。①新建文件。菜单 File → New, Assay 选择 Absolute Quantification，打开空白文件。②探针设置。双击任意孔打开 Well Inspector；点击 Add Detector，打开 Detector Manager，File → New。点击 OK，探针出现在探针列表中。在 Detector Manager 窗口，从探针列表中点选所需探针，点 Add to Plate Document。点 Done 关闭 Detector Manager。③填样品表。在96孔表中选定孔，在 Well Inspector 页面的 Sample Name 栏中填入样品名称；在 Use 项下的方框中打钩选择探针；在 Task 栏中选定样品类型：未知样品在 Task 栏选 Unknown；标准品在 Task 栏选 Standard（IPC 探针选 Unknown），同时要在 Quantity 栏中输入相应浓度。Passive Reference 选 ROX。关闭 Well Inspector。

循环参数：保持50 ℃ 2 min；保持95 ℃ 10 min；循环：95 ℃ 15 s，60 ℃ 1 min 40 循环。7500默认在最后一步（60 ℃ 1 min）收集信号。反应体积改为 25 μL；9600 Emulation 选项打钩。启动扩增，点 Save 保存文件。确认96孔板在主机内放置妥当后，点 Start 开始 PCR 循环。PCR 结束后，点 Disconnect 按钮，File→Save 保存结果。

（5）数据分析。切换到 Result 页面，在 Analysis setting 中将阈值设定为0.2，基线（Baseline）的起点设为3，终点设为15，点击 Analyze 按钮，自动计算 CT 值。进入扩增曲线（Amplification Plot）子页面，查看实验结果。

线性图谱：在默认的设置中，PCR扩增曲线图谱的纵坐标代表经过ROX和空白校正后的相对荧光信号强度，横坐标代表PCR循环次数（从1到40）；纵坐标以对数表示，横坐标以线性表示。如果要看完全线性的S形图谱，可双击纵坐标轴线，打开坐标设置窗口，将纵坐标改成线性形式。

原始数据：在Component子页面查看原始数据。正常的FAM及VIC，NED信号呈S形增长；而ROX信号是水平稳定的，不随PCR进程而改变。

标准曲线：切换到Standard Curve子页面，查看标准曲线。注意：只有在Set up时输入标准品的拷贝数后，软件才能自动生成标准曲线。

实验报告：切换到Report子页面，查看实验报告。确认无误后，输出结果，保存文件。所输出的数据文件可以用Excel软件打开。

【注意事项】
（1）注意正确的计算机和主机电源开关顺序。
（2）定期清洁仪器表面，切勿使用有机溶剂清洁定量PCR仪。
（3）使用仪器必须登记记录。
（4）防止定量PCR仪的样本加热块被污染。

二、激光捕获显微切割技术

激光捕获显微切割（laser capture micro-dissection，LCM）是一项在显微镜下从组织切片、涂片等中分离、纯化单一类型细胞群或单个细胞的技术。该技术成功地解决了组织中的细胞异质性问题，是分子生物学研究的一项革命性技术。该技术与其他各种分子生物学研究技术结合，对研究生命的生长发育、疾病发生和发展有了更加可靠的技术方法；对从分子水平定性、定量地诊断和治疗疾病有了更加准确和可靠的方法。对法医学微量检材细胞的获取，及混合样品分离具有重要意义。

LCM的基本原理是通过低能红外激光脉冲激活热塑膜——乙烯乙酸乙烯酯（ethylene vinylacetate，EVA）膜（其最大吸收峰接近红外激光波长），在直视下选择性地将目标细胞或组织碎片粘到该膜上。

LCM系统包括倒置显微镜、固态红外激光二极管、激光控制装置、控制显微镜载物台（固定载玻片）的操纵杆、电耦合相机及彩色显示器。用于捕获目标细胞的热塑膜，直径通常为6 mm，覆在透明的塑料帽上，后者恰与后续实验所用的标准0.5 mL离心管相匹配。机械臂悬挂控制覆有热塑膜的塑料帽，放到脱水组织切片上的目标部位。显微镜直视下选择目标细胞，发射激光脉冲，瞬间升温使EVA膜局部熔化。熔化的EVA膜渗透到切片上极微小的组织间隙中，并在几毫秒内迅速凝固。组织与膜的黏合力超过了其与载玻片间的黏合力，从而可以选择性地转移目标细胞。激光脉冲通常持续0.5～5.0 ms，并且可在整个塑料帽表面进行多次重复，从而可以迅速分离大量的目标细胞。将塑料帽盖在装有缓冲液的离心管上，将所选择的细胞转移至离心管中，从而可以分离出感兴趣的细胞进行实验。EVA膜100～200 μm厚，能够吸收激光产生的绝大部分能量，在瞬间将激光束照射区域的温度提高到90 ℃，保持数毫秒后，又迅速冷却，保证了生物大分子不受损害；

采用低能量红外激光的同时也可避免损伤性光化学反应的发生。

显微切割技术能对生物组织学上确定的细胞群、一个特定的细胞、特定的细胞器、特定的染色体等进行分子生物学研究，从而达到了高度敏感性和高度特异性的统一。尤其是在需要研究的细胞或细胞器只占样本中的少数时，以及需研究的细胞呈散在分布时，显微切割的重要性尤为明显。将显微切割切技术与免疫组织化学、原位杂交技术、高通量基因分析、蛋白分析技术结合，显示出良好的发展前景。

LCM 技术在法医学应用于分离混合斑中少量精子细胞。该技术已有应用于从精液阴道上皮细胞混合液中成功分离精子细胞的报道。

LCM 技术亦应用于肿瘤研究和其他疾病诊断中，如单个肿瘤细胞的分离，进行基因组和蛋白组学研究。LCM 可用于组织的分子表达谱分析、特定细胞群的细胞分子标记物的相互作用研究以及组织微环境内的元素比较。

三、变性－高效液相色谱分析技术

实验二十六　　DHPLC 使用示教

【原理】变性－高效液相色谱（denaturing high-performance liquid chromatography，DHPLC）是利用 DNA 构型改变检测基因突变和遗传多态性的方法之一，它可以检测单核苷酸多态性、STR 多态性和可遗传的突变（原理示意图见本书第三章图 3-1）。

【方法】实验主要过程包括 PCR 扩增待测样品（突变 DNA）和正常 DNA 样品（野生型 DNA），将扩增产物混合，经变性再复性，若存在突变，在这一复性过程中可能会形成异源双链。在部分变性条件下，高效液相色谱分析仪可以有效地区分由变异碱基与正常碱基形成的异源 DNA 双链和正常 DNA 双链。

【应用】由于 DHPLC 的分辨率可达到 1 bp/kb，而且操作过程可以全部程序化、大规模化和自动化，使得实验时间大大缩短，实验准确率提高，可作为大群体任何基因突变初筛的有力手段，比 SSCP 有更多的优越性，具有广泛的应用前景，许多工作都已经证实了 DHPLC 的敏感性、有效性和准确性。

DHPLC 在法医学具有广泛的应用价值，如 SNP 多态性分析、STR 片段大小分析、mRNA 多态性分析等。

四、质谱分析技术

实验二十七　　MALDI-TOF 质谱示教

【原理】气体分子或固体、液体的蒸气受到一定能量的电子流轰击或强电场作用，丢失价电子生成分子离子；同时，化学键也发生某些有规律的裂解，生成各种碎片离子。这些带正电荷的离子在电场和磁场的作用下，按质荷比（m/e）的大小分开，排列成谱，记录下来即为质谱（mass spectroscopy）。

【方法】质谱仪器一般由样品导入系统、离子源、质量分析器、检测器、数据处理系统等部分组成。质谱工作流程：

离子源（轰击样品）→ 带电荷（离子碎片）→ 电场加速（获得动能）→ 磁场分离（m/z）→ 检测记录（质谱图）

【应用】基质辅助激光解析电离（matrix-assisted laser desorption ionization, MALDI）为代表的质谱分析技术具有高灵敏度和高质量检测范围，使得在 fmol（10^{-15}）乃至 amole（10^{-18}）水平检测相对分子质量高达几十万的生物大分子成为可能，从而开拓了质谱学一个崭新的领域——生物质谱，促使质谱技术在生命科学领域获得广泛应用和发展。

（1）寡核苷酸和核酸的分析。目前，生物质谱已经实现对数十个碱基寡核苷酸的分子量和序列测定，此技术可用于天然或人工合成寡核苷酸的质量控制。生物质谱可准确的测定分子量，从而可确定 SNP 与突变前多态性片段分子量差异，如碱基由 A 突变为 C 后，SNP 分子量增加 24.025，突变为 G 时，增加 15.999，由分子量的变化可推定突变方式。另一种快速而经济的方法是利用目前不断成熟的 DNA 芯片技术和质谱检测相结合，将杂交至固定化 DNA 阵列上的引物进行 PCR 扩增后，直接用质谱对芯片上 SNP 进行检测，该法将所需样品的体积由微升减至纳升，且有利于自动化和高通量的测定。法医学有应用液相电喷雾离子电离质谱（LC-ESI-MS）对 DNA 中 STR 和 SNP 遗传标记进行检测的报道。

（2）蛋白质和多肽的分析。质谱可用于蛋白质分子量测定，多肽谱的测定，肽序列测定技术等等。法医学可以用于某些体液蛋白和酶谱分析，对可疑检测进行检测。

（3）多糖结构测定。采用 MALDI-TOF-MS 已对糖蛋白中的寡糖侧链进行了分析，包括糖基化位点、糖苷键类型、糖基连接方式以及寡糖序列测定。法医学可用于血型系统检测的应用前景研究。

（4）其他应用：微生物鉴定，药物代谢结构分析，高分子材料分析。

五、表观遗传学与法医学

表观遗传学（epigenetics）是与遗传学（genetic）相对应的概念。遗传学是研究基于基因序列相关问题，如基因序列变异导致基因表达水平变化，基因突变、基因杂合丢失和微卫星不稳定等。而表观遗传学则是基于非基因序列改变所致基因表达水平变化，如 DNA 甲基化和染色质构象变化等。表观基因组学（epigenomics）则是在基因组水平上对表观遗传学改变的研究，不涉及 DNA 序列改变的基因表达和调控，并且引起可遗传的表型。或者说是研究从基因演绎为表型的过程和机制的一门新兴的遗传学分支。表观遗传的现象很多，现已知的有 DNA 甲基化（DNA methylation）、基因组印记（genomic imprinting）、染色质重塑（chromatin remodeling）、X 染色体失活（X chromosome inactivation）和 RNA 编辑（RNA editing）等。

DNA 甲基化是指在 DNA 甲基转移酶（DNA methyl-transferase, DNMT）的作用下，以 S-腺苷甲硫氨酸（SAM）为甲基供体，在基因组 CpG 二核苷酸的胞嘧啶 5 碳位共价键结合一个甲基基团，生成 5-甲基胞嘧啶（5-methylcytosine, 5-mC）。如图 6-2。

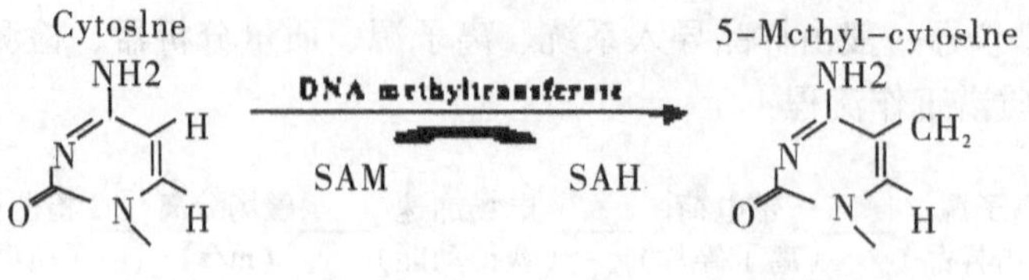

图 6-2 CpG 岛胞嘧啶甲基化反应（SAM 供甲基）

正常情况下，人类基因组"垃圾"序列的 CpG 二核苷酸相对稀少，并且总是处于甲基化状态；与之相反，人类基因组中大小为 100～1 000 bp 左右且富含 CpG 二核苷酸的 CpG 岛则总是处于未甲基化状态，并且与 56% 的人类基因组编码基因相关。人类基因组序列草图分析结果表明，人类基因组 CpG 岛约为 28 890 个，大部分染色体 1 Mb 就有 5～15 个 CpG 岛，平均每 Mb 含 10.5 个 CpG 岛，CpG 岛的数目与基因密度有良好的对应关系。由于 DNA 甲基化与人类发育和肿瘤疾病密切关系，特别是 CpG 岛甲基化导致抑癌基因转录失活问题，DNA 甲基化已经成为表观遗传学和表观基因组学的重要研究内容。

染色质重塑（chromatin remodeling）包括表观遗传学重塑和与 DNA 复制相关的组蛋白乙酰化、去乙酰化。染色质重塑复合物依靠水解 ATP 提供能量来完成染色质结构的改变，根据水解 ATP 的亚基不同，可将复合物分为 SWI/SNF（yeast mating type switch/ sucrose nonfermenting）复合物、ISW（imitation switch）复合物以及其他类型的复合物。这些复合物及相关的蛋白均与转录的激活和抑制、DNA 的甲基化、DNA 修复以及细胞周期相关。组蛋白乙酰化与基因活化以及 DNA 复制相关，组蛋白的去乙酰化和基因的失活相关。组蛋白乙酰化转移酶（histone acetyltransferase，HATs）主要是在组蛋白 H3、H4 的 N 末端尾上的赖氨酸残基上加上乙酰基，去乙酰化酶（histone deacetylases，HDACs）则相反，不同位置的修饰均需要特定的酶来完成。乙酰化酶家族可作为辅激活因子调控转录，调节细胞周期，参与 DNA 损伤修复，还可作为 DNA 结合蛋白。去乙酰化酶家族则和染色体易位、转录调控、基因沉默、细胞周期、细胞分化和增殖以及细胞凋亡相关。

基因组印记（genomic imprinting）是指来自父方和母方的等位基因在通过精子和卵子传递给子代时发生了修饰，使带有亲代印记的等位基因具有不同的表达特性，这种修饰常为 DNA 甲基化修饰，也包括组蛋白乙酰化、甲基化等修饰。在生殖细胞形成早期，来自父方和母方的印记将全部被消除，父方等位基因在精母细胞形成精子时产生新的甲基化模式，但在受精时这种甲基化模式还将发生改变；母方等位基因甲基化模式在卵子发生时形成，因此在受精前，来自父方和母方的等位基因具有不同的甲基化模式。目前发现的印记基因大约 80% 成簇，这些成簇的基因被位于同一条链上的顺式作用位点所调控，该位点被称作印记中心（imprinting center，IC）。印记基因的存在反映了性别的竞争，从目前发现的印记基因来看，父方对胚胎的贡献是加速其发育，而母方则是限制胚胎发育速度，亲代通过印记基因来影响其下一代，使它们具有性别行为特异性，以保证本方基因在遗传中的优势。

X 染色体失活（X chromosome inactivation）：女性有 2 条 X 染色体，而男性只有 1 条 X 染色体，为了保持平衡，女性的 1 条 X 染色体被永久失活，这便是"剂量补偿"效应。哺乳动物雌性个体的 X 染色体失活遵循（$n-1$）法则（$n>1$），不论有多少条 X 染色体，最终只能随机保留 1 条的活性。哺乳动物受精以后，X 染色体发生系统变化。首先父本 X

染色体（paternal X chromosome，Xp）在所有的早期胚胎细胞中失活，表现为整个染色体的组蛋白被修饰和对细胞分裂有抑制作用的 Pc-G 蛋白（polycomb group proteins，Pc-G）表达，然后 Xp 在内细胞群又选择性恢复活性，最后父本或母本 X 染色体再随机失活。

非编码 RNA（non-coding RNA）在表观遗传学中的作用：功能性非编码 RNA 在基因表达中发挥重要的作用，按照它们的大小可分为长链非编码 RNA 和短链非编码 RNA。长链非编码 RNA 在基因簇以至于整个染色体水平发挥顺式调节作用。在果蝇中调节"剂量补偿"的是 roX RNA，该 RNA 还具有反式调节的作用，它和其他的蛋白共同构成 MSL（male-specific lethals）复合物，在雄性果蝇中调节 X 染色体活性。在哺乳动物中 Xist RNA（x-inactivation-specific transcript RNA）调节 X 染色体的失活，其具有特殊模本，可与一些蛋白共同作用实现 X 染色体的失活。Tsix RNA 是 Xist RNA 的反义 RNA（XIST antisense RNA），对 Tsix 起负调节作用，在 X 染色体随机失活中决定究竟哪一条链失活。长链 RNA 常在基因组中建立单等位基因表达模式，在核糖核蛋白复合物中充当催化中心，对染色质结构的改变发挥着重要的作用。

表观遗传学在法医物证学检验中的意义已有许多的研究成果和实际应用的报道，如利用差异甲基化进行妊娠期胎儿父权的认定、单亲鉴定中亲代必需等位基因的确定、同卵双生子的区分鉴定、微量组织来源确定及伪造 DNA 的鉴定、体液斑的组织来源鉴定等。

问题

(1) RNA 多态性表现在哪些方面？有什么法医学意义？
(2) 如何提取 RNA？提取 RAN 时应该注意什么？
(3) 什么是荧光定量 PCR？简述 TaqMan 探针实时荧光定量 PCR 技术的原理。
(4) 表观遗传学的法医学应用有哪些？请举例说明之。

附 录

附录一　法医物证学课程教学大纲

课程名称：法医物证学　　　　　　　　　课程名称（英文）：Forensic Biology
课程编号：50354089　　　　　　　　　　课程性质：专业必修
学分：11 分　　　　　　　　　　　　　　总学时数：241 学时
理论：121 学时　　　　　　　　　　　　实验：120 学时
适合专业和学制：法医学五年制本科　　　开课学年学期：第 8、第 9 学期

（一）课程介绍

1. 课程的目的与任务

法医物证学是法医学专业的主干学科，是应用多种学科的理论知识和技术研究并解决涉及法律方面有关生物性检材的检验与鉴定，为司法机关提供科学证据的一门学科。本课程教学的目的是使学生掌握法医物证检验的基本理论和基本技能，为今后从事法医物证的检验、教学和研究奠定基础。

根据本科医学生培养目标的要求，学生通过本课程的学习，应掌握：法医物证检材的提取、包装和送检，常见生物性检材（血液、血痕、精液、精斑、唾液、混合斑、毛发、骨骼等）的法医学检验，亲子鉴定和个体识别等。

2. 教学手段与方法

本课程是一门应用性极强的学科，为了使理论教学与检验实践相结合，除121学时的理论教学外，还安排了120学时的实验课程。综合采用理论讲授、案例分析讨论、实验示教、模拟案件检验、PBL教学等多种教学方式。在教学中要注意培养学生独立思考与解决问题的能力，使学生能在有限的时间内掌握教学大纲规定的实验内容，巩固和加深理解理论，熟练掌握实验操作。培养逻辑思维能力、实际操作能力、综合分析问题和解决问题能力，使学生能够达到基本进行临案物证的独立检案。

3. 建议使用的教材、参考书目、教学网站

（1）选用教材：

侯一平. 法医物证学. 3 版. 北京：人民卫生出版社，2009.

伍新尧. 法医物证学实验指导. 北京：人民卫生出版社，2008.

（2）参考书目：

Butler J M. Forensic DNA typing: biology, technology, and genetics of STR markers. Amsterdam: Elsevier Academic Press, 2005.

Butler J M. Advanced topics in Forensic DNA typing: Methodology. Amsterdam: Elsevier

Academic Press,2011.

伍新尧. 高级法医学. 2 版. 郑州：郑州大学出版社，2011.

(3) 教学网站：

"法医物证学". 国家级精品课程网站：http：//202.118.40.5/bioevidence/。

4. 考核方式和成绩构成

考核方式包括理论考核和实验考核两部分，成绩构成为理论考核占 60%，实验考核占 30%，平时成绩（实验报告、出勤情况等）占 10%。

(二) 学时分配

序号	课程内容	学时分配		
		讲课	实验	小计
1	第一章 绪论	4		4
2	第二章 法医物证分析的遗传学基础	5		5
3	第三章 DNA 多态性的分子基础	4		4
4	第四章 DNA 长度多态性	20	60	80
5	第五章 STR 自动分型	16	28	44
6	第六章 DNA 序列多态性	4		4
7	第七章 线粒体 DNA 多态性	4		4
8	第八章 红细胞血型	4		4
9	第九章 白细胞血型	4		4
10	第十章 血清型	2		2
11	第十一章 酶型	2		2
12	第十二章 亲子鉴定	16	4	20
13	第十三章 法医物证检材的提取、包装和送检	4		4
14	第十四章 血痕检验	8	20	28
15	第十五章 精液斑检验	4	4	8
16	第十六章 唾液及唾液斑检验	4		4
17	第十七章 混合斑检验	4		4
18	第十八章 人体组织检验	4		4
19	第十九章 个体识别的证据意义评估	4	4	8
20	第二十章 DNA 数据库	4		4

(三) 教学要求

第一章 绪论

●教学内容

第一节 物证与法医物证

一、物证的概念及特点
二、法医物证的概念、特点及意义
第二节 法医物证学的任务、理论与方法
一、基本任务
二、基本理论
三、基本技术
第三节 法医物证的鉴定
一、法医物证鉴定
二、鉴定人
三、法医物证鉴定书与鉴定结论
●教学基本要求
掌握：法医物证的概念、特点及意义，法医物证学的基本任务、基本理论与基本方法，鉴定书的格式与内容。
熟悉：法医物证的鉴定，鉴定人。
了解：物证的概念和特点，法医物证发展概况。
●重点与难点
法医物证学的基本任务、基本理论与基本方法，鉴定书的格式与内容。

第二章 法医物证分析的遗传学基础
●教学内容
第一节 遗传标记概述与分类
一、概述
遗传标记、基因、基因座、等位基因、基因型、纯合子、杂合子、表型等概念。
二、遗传标记的分类
表达产物水平遗传标记、DNA 水平遗传标记。
第二节 遗传规律
一、孟德尔分离律（law of segregation）
二、孟德尔自由组合律（law of independent assortment）
三、其他遗传规律：非孟德尔定律（non-Mendelian inheritance）
母系遗传、伴性遗传等。
第三节 群体遗传
一、遗传多态性
群体、基因库、遗传多态性（polymorphism）、等位基因频率（allelic frequency）、基因型频率（genotype frequency）、表型频率等概念。
二、基因频率的计算
共显性等位基因遗传标记系统、显隐性等位基因遗传标记系统的基因频率计算。
三、Hardy-Weinberg 平衡定律
Hardy-Weinberg 平衡定律的概念、意义。
四、基因座独立性分析

连锁平衡（linkage equilibrium）、连锁不平衡。
第四节 遗传标记的法医学应用参数
一、杂合度、基因差异度的意义、计算
二、个体识别率的意义、计算
三、非父排除率的意义、计算

● 教学基本要求

掌握：遗传标记、基因、等位基因、基因型等概念，遗传规律，Hardy-Weinberg 平衡定律的概念和意义，杂合度、个体识别率、非父排除率等遗传标记的法医学应用参数的概念和意义。

熟悉：遗传标记的分类，基因座独立性分析。

了解：群体样本 Hardy-Weinberg 平衡的检验，杂合度、个体识别率、非父排除率等参数的计算。

● 重点与难点

遗传标记、基因、等位基因、基因型等概念，遗传规律，Hardy-Weinberg 平衡定律的概念和意义，杂合度、个体识别率、非父排除率等遗传标记的法医学应用参数的概念和意义。

第三章 DNA 多态性的分析基础

● 教学内容

第一节 DNA 分子结构与功能
一、DNA 的分子结构
二、DNA 的理化性质
三、DNA 的复制和基因表达
四、DNA 的损伤与修复
第二节 人类基因组
一、人类核基因组 DNA
二、人类线粒体基因组 DNA
第三节 基因突变
第四节 DNA 多态性
一、DNA 长度多态性
二、DNA 序列多态性

● 教学基本要求

掌握：DNA 的分子结构，核基因组 DNA 和线粒体基因组 DNA 的结构和特点，DNA 多态性的类型。

熟悉：DNA 的理化性质、DNA 的复制、基因突变的类型。

了解：DNA 的损伤与修复，基因表达。

● 重点与难点

DNA 的分子结构，核基因组 DNA 和线粒体基因组 DNA 的结构和特点，DNA 多态性的类型。

第四章　DNA长度多态性
●教学内容
　　第一节　限制性片段长度多态性
　　一、概述
　　二、基本原理
　　三、基本技术流程
　　（一）检材DNA的提取，DNA定量
　　（二）限制性核酸内切酶消化
　　（三）电泳分离
　　（四）印记转移
　　（五）探针选择和标记
　　（六）分子杂交
　　（七）谱带显示
　　四、单基因座探针RFLP技术
　　（一）DNA纹印图谱的基本特征
　　（二）DNA纹印的法医学应用
　　（三）DNA纹印技术的局限性
　　五、多基因座探针RFLP技术
　　（一）DNA指纹图谱的基本特征
　　（二）DNA指纹的法医学应用
　　（三）DNA指纹技术的局限性
　　第二节　扩增片段长度多态性
　　一、小卫星VNTR基因座基本分型技术
　　（一）基本流程
　　（二）常用的小卫星VNTR基因座
　　（三）小卫星VNTR分型注意事项
　　二、常染色体STR分型
　　（一）STR遗传标记系统的命名
　　（二）STR基因座多态性的检测
　　三、性染色体STR分型
　　（一）Y染色体STR基因座分型
　　（二）X染色体STR基因座分型
●教学基本要求
　　掌握：扩增片段长度多态性的基本技术原理、程序；STR分型技术的基本程序，常见的复合扩增系统介绍，常见的STR基因座介绍（包括X、Y性染色体STR基因座），STR分型技术的优缺点。
　　熟悉：限制性片段长度多态性的基本技术原理、程序、优缺点；DNA纹印（单基因座探针）和DNA指纹（多基因座探针）的基本特征；VNTR分型技术的基本程序和优缺点。

了解：法医物证检验常用的单基因座探针、多基因座探针及 VNTR 基因座。

●重点与难点

扩增片段长度多态性的基本技术原理、程序；STR 分型技术的基本程序，常见的复合扩增系统介绍，常见的 STR 基因座介绍（包括 X、Y 性染色体 STR 基因座），STR 分型技术的优缺点。

第五章　STR 自动分型

●教学内容

　　第一节　STR 自动分型技术流程

　　一、DNA 提取

　　二、荧光标记 STR 复合扩增

　　三、扩增产物的毛细管电泳分离

　　四、等位基因确定

　　五、STR 自动分型技术的优点

　　六、miniSTR 技术

　　第二节　STR-PCR 检验结果分析

　　一、结巴带（峰）或影子带

　　二、非模板添加物

　　三、稀有等位基因

　　四、长度相同但序列不同的等位基因

　　五、三条带模式

　　六、等位基因丢失和无效等位基因

　　第三节　STR 位点在其他方面的应用

　　第四节　Amelogenin 基因的检验

　　一、Amelogenin 基因的结构特点

　　二、Amelogenin 基因的检验方法

　　三、Amelogenin 基因检验的结果评判

●教学基本要求

掌握：荧光标记 STR 复合扩增技术；stutter 峰、非模板依赖加 A、杂合性丢失、off-ladder 峰产生的原理；通过 Amelogenin 基因进行性别鉴定的原理和方法。

熟悉：毛细管电泳技术基本原理，等位基因确定的基本原理，STR 分型影响因素。

了解：法医物证检验常用的荧光复合扩增体系、荧光物质。

●重点与难点

荧光标记 STR 复合扩增技术，非特异条带的识别与评估。

第六章　DNA 序列多态性　第七章　线粒体 DNA 多态性

●教学内容

　　第一节　DNA 序列多态测定及多态性分析

一、DNA 测序原理和基本技术
二、线粒体 DNA 序列多态性
（一）线粒体 DNA 多态性概念
（二）线粒体 DNA 遗传特征
（三）线粒体 DNA 的多态性
（四）线粒体 DNA 多态性的分析技术
（五）线粒体 DNA 的异质性
（六）线粒体 DNA 多态性分析技术的优缺点
第二节　等位基因特异性探针杂交技术
一、基本原理
二、反向印迹杂交技术
第三节　扩增片段限制性长度多态性技术
一、基本原理和技术
二、应用及注意事项
第四节　MVR-PCR 分析技术
一、MVR 序列特征
二、MVR-PCR 分析技术原理及基本技术
第五节　序列多态性的其他分析技术
一、序列特异性引物 PCR 技术
二、变性高效液相色谱（DHPLC）技术
三、单链构象多态性分析技术
四、其他技术

● 教学基本要求

掌握：线粒体序列多态性的分析方法、优缺点和结果评判标准。

熟悉：DNA 测序原理和基本技术。

了解：等位基因特异性探针杂交技术，扩增片段限制性长度多态性技术，MVR-PCR 序列多态性分析技术以及其他序列多态性分析技术。

● 重点与难点

线粒体序列多态性的分析方法、优缺点和结果评判标准。

第八章　红细胞血型

● 教学内容

第一节　概论
一、血型的概念
二、血型的命名
三、红细胞血型抗原
四、红细胞血型抗体
五、红细胞血型的检测
第二节　ABO 血型

一、ABO 血型的发现与命名

二、ABO 血型系统的分子生物学与遗传学基础

三、ABO 血型的分型

第三节　分泌型（Se）与非分泌型（se）

一、分泌型与非分泌型的定义

二、H 血型物质在体液中的分布

三、H 抗原在各型细胞中的强弱比较

四、Se 和 se 基因的染色体定位

五、Se 和 se 的等位基因频率

第四节　MN 血型

一、MN 血型的发现与命名

二、MN 血型抗原的发生与发育

三、MN 血型抗原的生化结构及其特性

四、MN 血型的基因定位、等位基因及其遗传规律

五、MN 血型的等位基因频率

六、MN 血型的血清学分型

七、MN 血型分型的注意事项

第五节　Rh 血型

一、Rh 血型的发现与命名

二、Rh 血型抗原的发生与发育

三、Rh 血型抗原的生化结构及其特性

四、Rh 血型抗原的命名（Fisher-Race 法）

五、Rh 血型基因座的染色体定位

六、Rh 血型基因座的结构

七、Rh 血型抗原的变异体

八、Rh 血型的遗传特点（连锁遗传）

九、Rh 血型的等位基因频率

十、Rh 血型的分型

十一、Rh 血型分型在临床输血的意义

第六节　其他红细胞血型

了解 Lewis、P、Duffy、Kidd、Xg 血型的基因定位、基因分型及遗传规律。

● 教学基本要求

掌握：血型抗原抗体反应的规律，红细胞凝集反应的因素，血型的遗传规律；ABO 血型的分型原理、检测方法及遗传；分泌型及非分泌型的分型原理、检测；MNSs 血型系统的抗原、抗体、分型及检测；Rh 血型的三种命名方法，Rh 表现型的测定及遗传。

熟悉：ABO 血型的亚型及变异型的法医学意义，Rh 血型的历史，两种命名方法遗传学观点上的异同。

了解：Rh 血型的变异型、P 血型、Duffy 血型、Kidd 血型和 Xg 血型的分型与遗传规律。

● 重点与难点

ABO 血型的分型原理、检测方法及遗传。分泌型及非分泌型的分型原理、检测。

第九章　白细胞血型

● 教学内容

　　第一节　概述

　　　一、MHC 与 HLA 的概念

　　　二、HLA 的研究简史

　　　三、HLA-Ⅰ类抗原与Ⅰ类抗原的结构及细胞分布

　　第二节　HLA 命名

　　　一、以 A、B、C、D 表示 HLA 的基因座

　　　二、以 1、2、3、4 等表示 HLA 抗原特异性

　　第三节　HLA 遗传

　　　一、HLA 基因定位与基因结构。

　　　二、HLA 遗传特征

　　　三、HLA 群体分布

　　第四节　HLA 分型

　　　一、血清学分型

　　　二、细胞学分型（淋巴细胞培养试验）

　　　三、DNA 分型

　　　四、血清学分型和 DNA 分型方法可靠性比较

● 教学基本要求

掌握：HLA 的命名原则，HLA 的遗传特征；HLA 的血清学分型，HLA 抗血清的交叉反应。

熟悉：HLA 的 DNA 分型；HLA 血清学分型和 DNA 分型方法可靠性比较。

了解：MHC 与 HLA 的概念，HLA 的研究简史，Ⅰ类抗原与Ⅱ类抗原的结构及细胞分布，细胞学分型，单倍型频率在群体中的分布，HLA 的应用。

第十章　血清型

● 教学内容

　　第一节　概述

　　　一、血清型的概念

　　　二、血清型的分类与命名

　　　三、分型原理

　　　四、法医学意义

　　第二节　结合珠蛋白（Hp）

　　　一、Hp 的生化性质及生物功能

　　　二、等位基因结构与命名

　　　三、群体遗传学调查结果

四、Hp 分型原理、方法及法医学应用评价

第三节 维生素 D 结合蛋白（Gc）

一、Gc 的生化性质及生物功能

二、遗传及等位基因命名

三、群体遗传学调查结果

四、Gc 分型原理、方法及法医学应用评价

第四节 免疫球蛋白同种异型遗传标记

一、免疫球蛋白同种异型的分子免疫学性质。

二、免疫球蛋白同种异型的命名与遗传

三、群体遗传学调查结果。

四、Gm 及 Km 的测定及法医学应用评价

● 教学基本要求

掌握：血清型的分型原理，Hp、Gc、Gm 的分型方法及遗传。

熟悉：血清型的概念、分类、命名。

了解：其他血清型的分型，如 ORM 等。

3．难点与重点

血清型的分型原理。

第十一章 酶型

● 教学内容

第一节 概述

一、同工酶的概念

二、同工酶的分类及命名

三、同工酶分型方法

第二节 磷酸葡萄糖变位酶（PGM）

一、生物化学性质与生物学功能

二、等位基因结构与命名

三、群体遗传学

四、PGM1 多态分型方法

五、PGM1 的 DNA-RFLP 分型

第三节 酯酶 D（ESD）

一、生物化学性质与生物学功能

二、等位基因结构与命名

三、群体遗传学

四、ESD 多态分型方法

第四节 红细胞酸性磷酸酶（EAP）

一、生物化学性质与生物学功能

二、等位基因结构与命名

三、群体遗传学

四、EAP 多态分型方法
● 教学基本要求
掌握：同工酶的概念、分类、命名，同工酶分型的原理。
熟悉：PGM1、ESD、EAP 的分型方法。
● 重点与难点
同工酶分型的原理。

第十二章　亲子鉴定
● 教学内容
　　第一节　亲子鉴定基本原理
　　第二节　否定父权
　　一、排除亲子关系
　　二、非父排除概率
　　三、错误否定父权的风险
　　第三节　肯定父权的机会
　　一、父权指数
　　二、父权指数的统计学意义
　　三、父权相对机会
　　第四节　法医亲子鉴定标准
　　一、排除父权的标准
　　二、认定父权的标准
　　第五节　其他血缘关系鉴定
● 教学基本要求
掌握：亲子鉴定概念，亲子鉴定的基本原理，亲权指数的计算；突变基因座的分析；肯定父权和否定父权的判定；排除父权和认定父权的标准。
熟悉：亲子鉴定使用的基本技术和基本要求，相关概率的计算，结果判断的陷阱及注意事项。检测 DNA 与检测基因表型优越性的比较。
了解：其他血缘关系鉴定，亲子鉴定的应用。
● 重点与难点
肯定父权和否定父权的判定，排除父权和认定父权的标准；亲权指数的计算；突变基因座的分析。

第十三章　法医物证检材的提取、包装和送检
● 教学内容
　　第一节　概述
　　第二节　检材特点
　　第三节　检材的发现和提取
　　一、检材发现
　　二、检材提取

第四节 检材的包装、保存与送检
　　一、检材包装和保存
　　二、检材送检
　　三、检验程序和要求
● 教学基本要求
掌握：发现法医物证检材的思路，检材提取、包装和送检的原则和基本技术。
熟悉：法医物证检材的特点。
了解：法医物证检验程序和要求。
● 重点与难点
发现法医物证检材的思路，检材提取、包装和送检的原则和基本技术。

第十四章　血痕检验
● 教学内容
　　第一节　概述
　　一、血痕的特点
　　二、了解血痕检验的目的和要求
　　三、掌握血痕检验的程序和注意事项
　　第二节　血痕的肉眼检验
　　第三节　血痕的预试验
　　一、鲁米诺试验
　　二、联苯胺试验
　　三、孔雀绿试验
　　第四节　血痕的确证试验
　　一、血色原、氯化血红素结晶试验
　　二、吸收光谱试验
　　第五节　血痕的种属鉴定
　　一、血清学方法
　　（一）抗血清的特点
　　（二）沉淀反应
　　（三）胶体金试验
　　（四）酶联免疫试验
　　二、DNA 检验方法
　　第六节　血痕的个人识别
　　一、血痕的血型测定
　　（一）血痕的抗原测定
　　（二）血痕的凝集素测定（原理、方法、阴性和阳性的意义）
　　二、血痕的性别 DNA 检测
　　三、血痕的出血量、出血时间和出血部位检验
● 教学基本要求

掌握：血痕检验的意义；熟练掌握血痕检验的程序、检验方法，各种血痕检验目的、原理、方法和阴性、阳性的意义；熟练掌握 ABO 血型的检测、吸收－抑制试验，解离－洗脱试验的原理、方法及结果判断。

熟悉：血痕 DNA 的种属和性别鉴定，血痕的出血部位、出血量和出血时间的鉴定。

了解：血痕的酶型和血清型的测定。

●重点与难点

熟练掌握血痕检验的程序、检验方法、各种血痕检验目的、原理、方法和阴性、阳性的意义。

第十五章　精液斑检验

●教学内容

第一节　概述

一、精液与精液斑的特点

二、精斑检验的目的与要求

第二节　精斑的肉眼检验

第三节　精斑的预试验

一、酸性磷酸酶检验

二、其他预试验

第四节　精斑的确证试验

一、精子检出法

二、免疫学试验

三、DNA 方法

第五节　精斑的个人识别

一、精斑的 ABO 血型检测

二、精斑的血清型测定

三、精斑的酶型测定

四、DNA 分析：差异裂解分离法（differential lysis）

●教学基本要求

掌握：精斑的特点；精斑检验的目的、程序；精斑的预试验：酸性磷酸酶试验；精斑的确证试验：抗人精液血清沉淀反应，精子检出法、前列腺特异性抗原 P30 检测；精斑的个体识别：ABO 血型测定、DNA 分析。

熟悉：精液的性质，精斑的肉眼检验，精斑的其他预试验。

了解：精液的组成，精斑的其他确证方法，精斑的血清型、酶型测定。

●重点与难点

精斑个体识别的检验流程，精斑 DNA 检验技术。

第十六章　唾液及唾液斑检验

●教学内容

第一节　概述

一、唾液及唾液斑的特点
二、检验的目的与要求
三、唾液及唾液斑的提取
第二节 唾液斑的证明
一、淀粉酶的检测
二、口腔黏膜脱落上皮细胞的检查
三、其他方法
第三节 唾液斑的个人识别
一、唾液斑的 ABO 血型测定
二、唾液多态性蛋白和酶测定
三、唾液（斑）的 DNA 分析
四、唾液（斑）的性别鉴定

● 教学基本要求

掌握：唾液斑的特点；唾液斑检验的目的、程序；唾液斑的证明：淀粉酶的检测、口腔黏膜脱落上皮细胞的检查；唾液斑的个人识别：ABO 血型测定、DNA 分析；唾液斑的性别鉴定。

熟悉：唾液及唾液斑的提取。

了解：唾液及唾液斑的特点，唾液斑证明的其他方法，唾液多态性蛋白和酶测定。

● 重点与难点

唾液斑个体识别的检验流程，口腔黏膜脱落上皮细胞的检查技术。

第十七章 混合斑检验

● 教学内容

第一节 概述
第二节 精液与阴道液混合斑
一、混合斑的确证
（一）精斑的确证
（二）阴道液斑的确证
二、混合斑中精液成分的个人识别
对比推断法，混合物组分分离检测，精液中特有遗传标记成分测定。
（一）ABO 血型测定
（二）血清型、酶型测定
（三）DNA 分析
三、混合斑中阴道液成分的个人识别
四、轮奸案混合斑检材的鉴定
第三节 多个体血液混合斑鉴定
一、ABO 血型测定：根据凝集原和凝集素矛盾推测斑痕为多个体血液混合
二、血清型和酶型测定
三、DNA 多态性检验

（一）混合斑的确定：发现 3 个或 3 个以上等位基因
（二）混合斑的个体识别
● 教学基本要求
掌握：混合斑的定义、分类，混合斑检验的程序、方法、注意事项；精液与阴道分泌液混合斑的确证：精斑的确证、阴道液斑的确证（细胞学检查）；个人识别：ABO 血型测定（中和试验）、DNA 分析、轮奸案混合斑检材的鉴定；多个体血液混合斑的 DNA 多态性检验。

熟悉：常见的混合斑检材；多个体血液混合斑的 ABO 血型测定。

了解：阴道液斑的确证：阴道肽酶测定；混合斑中精液成分个人识别：测 α_2-SGP 分子中的 ABH 抗原，血清型、酶型测定；多个体血液混合斑的血清型与酶型测定。

● 重点与难点
混合斑个体识别的检验流程，混合斑中精液成分的个人识别。

第十八章 人体组织的检验
● 教学内容
　　第一节 概述
　　第二节 毛发检验
　　一、毛发的特点
　　二、毛发检验的目的与要求
　　三、毛发与其他纤维的鉴别
　　四、人毛与动物毛的鉴别
　　五、人毛部位的确定
　　六、毛发的脱落与损伤
　　七、毛发的个人识别
　　第三节 软组织检验
　　一、软组织的特性
　　二、软组织检验的目的与要求
　　三、确定是否组织
　　四、种属鉴定
　　五、性别鉴定
　　六、组织块的个人识别
　　第四节 其他组织检验
　　一、指（趾）甲检验
　　二、骨及牙检验
● 教学基本要求
掌握：毛发的检验程序及目的，毛发与其他纤维的鉴别，人毛与动物毛的鉴别，人毛 ABO 血型的测定。

熟悉：毛发的特点、大体结构、显微结构，人毛 DNA 检测。

了解：人毛部位的确定，损伤的鉴别，自然脱落与暴力拔脱的鉴别；人体软组织检验的程序及应解决的问题,指(趾)甲检验。
●重点与难点
毛发个体识别的检验流程。

第十九章　个体识别的证据意义评估
●教学内容
　　第一节　遗传标记个体识别的系统效能
　　第二节　DNA 遗传标记对于具体个案的鉴定能力
　　一、系统效能评估
　　二、个案效能评估
　　(一)匹配概率意义、计算、评估
　　(二)似然率意义、计算、评估
●教学基本要求
掌握:DNA 遗传标记对于具体个案鉴定能力的评估,匹配概率和似然率的概念和意义。
熟悉:遗传标记个体识别的系统效能评估。
了解:匹配概率和似然率的计算。
●重点与难点
DNA 遗传标记对于具体个案鉴定能力的评估,匹配概率和似然率的概念和意义。

第二十章　DNA 数据库
●教学内容
　　第一节　DNA 数据库概述
　　一、概念
　　二、建立 DNA 数据库的设想起源
　　三、国内外 DNA 数据库的发展与现状
　　四、国内外 DNA 数据库的比较
　　五、分类
　　六、意义
　　(一)多次犯罪案(串并案)
　　(二)身源认定
　　(三)寻找失踪人员
　　(四)DNA 数据共享、异地查询
　　第二节　DNA 数据库的建库条件
　　一、硬件、设备、实验条件:计算机、网络、实验仪器
　　二、软件
　　(一)DNA 数据库结构
　　1. 基因座数
　　2. 数据库的信息
　　(二)建库的技术要求

1. DNA 分型标准化
 2. DNA 分型的比对方法
 3. DNA 分型的质量控制
三、DNA 数据建库的法律问题
第三节　DNA 数据建库的具体实施
一、样本的提取
二、DNA 检测
三、使用的计算机软件
四、比对条件
第四节　DNA 数据库在法医学中的应用
国内外案例

● 教学基本要求

掌握：法医 DNA 数据库建库的方法和意义。

熟悉：法医 DNA 数据库的分类建库程序。

了解：法医 DNA 数据库的相关法律与伦理问题。

● 重点与难点

法医 DNA 数据库建库的方法和意义。

（修订人：孙宏钰、欧雪玲；审核人：孙宏钰）

附录二 常用STR基因座和线粒体高变区扩增用引物序列

(一) 常用常染色体STR基因座引物序列

位点名称	染色体定位	正向引物序列	反向引物序列	产物/bp
D1S1157	1pter-1qter	GGGCAACAGAGTGAGACTC	GATGAGAAGCAAATGAATGCC	>232
D2S1328	2pter-2qter	GTGGCTTTGGAGGAACACTA	TGGCACATGTACACCAGAAC	>157
TPOX	2p23-2pter	CACTAGCACCCAGAACCGTC	CCTTGTCAGCGTTTATTTGCC	106~138
D3S1358	3p-3p	ACTGCAGTCCAATCTGGGT	ATGAAATCAACAGAGGCTTG	115~143
D3S1359	3p-3p	ATGCTAAGTGCTAAGTCAACT	GTTGCCTCTGACATGGCTTT	213~257
FGA	4q28	GCCCCATAGGTTTTGAACTCA	TGAATTTGTCTGTAATTGCCAGC	180~228
SE33	5pter-5qter	AATCTGGGCGACAAGAGTGA	ACATCTCCCCTACCGCTATA	228~327
CSF1PO	5q33.3-34	AACCTGAGTCTGCCAAGGACTAGC	TTCCACACACCACTGGCCATCTTC	295~327
D5S818	5q21-5q31	GGGTGATTTTCCTCTTTGGT	TGATTCCAATCATAGCCACA	141~173
D6S939	6pter-6qter	GGCAGACAGAGCAAGACTC	CTTGCAGATGGCACATCAT	234~271
D7S820	7p	TGTCATAGTTTAGAACGAACTAACG	CTGAGGTATCAAAAACTCAGAGG	198~230
D8S1179	8pter-8qter	TTTTTGTATTTCATGTGTACATTCG	CGTAGCTATAATTAGTTCATTTTC	162~202
D9S926	9qpte-9qter	TCCTCAGCCTACAATTCCTG	GACTGAAGCACAGCTAAGCC	>221
D10S526	10pter-10qter	GTGCACTAGCCAGGGTTC	TGAACTCAGGTAAGGGA	>270
TH01	11	GTGGGCTGAAAAGCTCCCGATTAT	GTGATTCCCATTGGCCTGTTCCTC	146~189
D11S554	11p12-11p11.2	GGTAGCAGAGCAAGACTGTC	CACCTTCATCCTAAGGCAGC	181~279
D12S391	12pter-12qter	AACAGGATCAATGGATGCAT	TGGCTTTTAGACCTGGACTG	209~253
vWA	12p13.3-12p13.2	CCCTAGTGGATGATAAGAATAATC	GGACAGATGATAAATACATAGGATGGATGG	138~176
PLA	12q23-pter	GGTTGTAAGCTCCATGAGGTTAGA	TTGAGCACTTACTATGTGCCAGGC	118~139
D13S317	13q22-13q31	ACAGAAGTATGGGATGTGGA	GCCCAAAAAGACAGACAGAA	165~197
D13S631	13q31-13q32	GGCAACAAGAGCAAAACTCT	TAGCCCTCACCATGATTGG	197~217
D14D122	14q11.1-14q12	CCAGCCTGGGTGAGACTC	CGTTCATGTACCACTGCATG	>211
FES/FPS	15q25	GCTTGTTAATTCATGTAGGGAAGGC	GTAGTCCCAGCTACTTGGCTACTC	211~235
D16S690	16pter-16qter	GCACAGCTTCCTGATCTGA	TCACACAACCCACAGAGAA	>264
D16S539	16q22-24	GATCCCAAGCTCTCCTCTT	ACGTTTGTGTGTGCATCTGT	141~173
D18S51	18q21.33	GAGCCATGTTCATGCCACTG	CAAACCCGACTACCAGCAAC	266~342
D19S253	19p13.1-19p13	ATAGACAGACAGACGGACTG	GGGAGTGGAGATTACCCCT	209~241
D19S433	19q12-19q12	CCTGGGCAACAGAATAAGAT	TAGGTTTTTAAGGAACAGGTGG	202~
D21S11	21q21	GTGAGTCAATTCCCCAAG	GTTGTATTAGTCAATGTTCTCC	213~239
D22S526	22pter-22qter	AGAGCAAGACTCTGTCTCAACA	TTCTCCTTCACTTTCTGCCATG	>342
HPRT	Xq26.1	ATGCCACAGATAATACACATCCCC	CTCTCCAGAATAGTTAGATGTAGG	263~299
DXS101	Xq22	AAATCACTCCATGGCACATGTAT	ACTCTAAATCAGTCCAAATATCT	209~236
DXS6799	Xpter-Xqter	ATGAATTCAGAATTATCCTCA	GAACCAACCTGCTTTTCTGA	252~272
DXS6804	Xpter-Xqter	CCCAGATATTTTGACCACCA	GGCATGTGGTTGCTATAACC	173~189
DXS7132	Xpter-Xqter	AGCCCATTTTCATAATAAATCC	AATCAGTGCTTTCTGTACTATTGG	283~299
DYS19	Yp-Yq	CTACTGAGTTTCTGTTATAGT	ATGGCATGTAGTGAGGACA	199~215

续上表

位点名称	染色体定位	正向引物序列	反向引物序列	产物/bp
DYS390	Ypter-Yqter	TATATTTTACACATTTTTGGGCC	TGACAGTAAAATGAACACATTGC	211～233
DYS389	Ypter-Yqter	CCAACTCTCATCTGTATTATCTATG	TCTTATCTCCACCCACCAGA	257～381
DYS385	Ypter-Yqter	AGCATGGGTGACAGAGCTA	TGGGATGCTAGGTAAAGCTG	>383
DYS388	Ypter-Yqter	GTGAGTTAGCCGTTAGCGA	CAGATCGCAACCACTGCG	>128
D17S1185	17q12-17q21	GGTGACAGAACAAGACTCCATC	GGGCACTGCTATGGTTTAGA	203～249
D20S161	20pter-20qter	CCCCTTCAACTTGTCAGC	TCCTTCCAACTGGTATCTTG	160～220
D20S85	20q13.2-q13.3	GAGTATCCAGAGAGCTATTA	ATTACAGTGTGAGACCCTG	126～154
D8S384	8	TTTCTCAGTATTCTACACAGG	GTTCCTGTCTTCTTCTAGAG	204～232

（二）线粒体 DNA 高变区常用引物序列

引物名称	引物序列（5'～3'）	文献
L15996	CTCCACCATTAGCACCCAAAGC	Vigilant et al, 1989
H16401	TGATTTCACGGAGGATGGTG	
L29	GGTCTATCACCCTATTAACCAC	Vigilant et al, 1989
H408	CTGTTAAAAGTGCATACCGCCA	
L15988	TCTTTAACTCCACCATTAGCA	Green et al, 2000
H16425	GATATTGATTTCACGGAGGAT	
L15999	CACCATTAGCACCCAAAGCT	Helgason et al, 2000
H409	CTGTTAAAAGTGCATACCGCC	
L16123	CTGCCAGCCACCATGAATAT	Juliana et al, 2000
H16356	GTCATCCATGGGGACGAGAA	
L16498	CCTGAAGTAGGAACCAGATG	Macaulay et al, 1999
H223	TCAATTGTTATTATTATGTCCTACAA	
L16210	CCCATGCTTACAAGCAAGTA	Kolman & Tuross, 2000
H16301	TGGCTTTATGTACTATGTACTG	
L15997	CACCATTAGCACCCAAAGCT	Seo Y et al, 1998
H16403	ATTGATTTCACGGAGGATGG	
L15926	TCAAAGCTTACACCAGTCTTGTAAAACC	Alves-Silva et al, 2000
H16498	CATCTGGTTCCTACTTCAGG	
L48	CTCACGGGAGCTCTCCATGC	Calafell F et al, 1996
H580	TTGAGGAGGTAAGCTACATA	
L340	CTGGCCACAGCACTTAAACAC	Shinoda & Kanai, 1999
H16167	GGTTTTGATGTGGATTGGGT	
L16208	CCCCATGCTTACAAGCAA	
H285	GGTTTGGTGGAAATTTTTTGT	
L316	GCT TCT GGC CAC AGC ACT TA	
H619	GGT GAT GTG AGC CCG TCT AA	

附录三　法医学物证实验室质量控制

实验室质量控制是为将分析测试结果的误差控制在允许限度内所采取的措施。它包括实验室内质量控制和实验室间质量控制两部分。实验室内质量控制包括日常空白对照实验，阴、阳性对照实验，盲测样品实验，平行样品的分析；定期校准曲线的核查实验，仪器设备的校准与标定，加标样分析以及使用质量控制图等。它是实验室分析人员对测试过程进行自我控制的过程。实验室间质量控制包括分发标准样品或测试样品对不同实验室的分析结果进行评价，对分析方法进行协作实验验证，利用加密码样品对实验室进行考察等。它是发现和消除实验室间存在的系统误差，促进和改善实验室管理能力，提高实验室检测水平的重要措施。它一般由通晓分析方法和质量控制程序的政府或行业权威机构组织的专家小组实施。

1. 室内质量控制

室内质量控制（internal quality control，IQC）是实验室工作人员采用一定的方法和措施，连续评价实验室日常工作的可靠程度，旨在监控本实验室日常工作的精密度，提高本实验室常规测试工作中批内、批间结果的一致性，以确定实验结果是否可靠，可否发出报告的一项工作。概括起来主要包括：①IQC 执行者为实验室自身的工作人员，不涉及室外的其他人员；②IQC 的目的是检测和控制实验室常规工作的精密度，即对实验室测定结果批内、批间的重复性进行评价；③IQC 结果决定了实验室即时测定结果的可靠性和有效性。

IQC 可通过两种方法评价和控制测得结果的精密性和准确性：①样品的重复测定（测定人员在已知或未知条件下进行）；②已知标准品的对照测定。

为了保证实验室质量的可靠性，实验室应该做到：①建立严格的规章制度。实验室应该建立适合于检测工作的日常管理规章制度，并形成书面的质量监控体系（即质量保证手册），所有员工均须遵守。②普及质量控制知识。在开展质量控制前，应使每个工作人员对质量控制的重要性及基础知识、一般实验室质量控制图的作图方法等有充分的了解。③保证实验室各环节（人、机、料、法和环境）、各部分（管理、技术）产生最小的误差。④开展日常工作质控。

实验室参加 CNAS 实验室认可和实验室资质认定也是保证实验室内质量的重要举措，详见本书第一章"九、法医物证实验室认可和资质认证的要素及要求"。

2. 室间质量控制

室间质量控制（external quality control，EQC）是保证不同实验室（测定方法有时不同）测试得到的结果准确、一致的方法。室间质量控制一般由政府或行业权威机构组织，定期或不定期实施，可以与能力验证同时进行。主要步骤为：

（1）组织机构寄送质控标本，可以是标准品，也可以是测试样品。

（2）参与单位接收和验收质控标本：收到质控样品后由相关人员登记、签字，根据质控标本的有关说明对样品的数量、批号、包装进行验收并将质控标本按要求保存于标本制备区。

（3）质控标本的检测：按常规标本测定程序对待质控标本，常规工作人员，常规检测方法和试剂，与常规标本同时检测。

（4）室间质控样本检测结果分析、计算、形成报告并上报，检测结果必须在规定日期内上报。

（5）组织者对各实验室上报的结果进行评价和计分，并将结果反馈给各实验室。

（6）各实验室应对室间质控的结果进行总结，结果记录于室间质量控制评价记录表，如有结果异常，应查找原因，并采取相应的整改措施。

附录四　重要的法医物证学参数

（一）分子生物学常用计量单位换算

1. DNA 定量和单位换算

（1）核酸的定量和纯度判断：

$1\ A_{260}$ dsDNA = 50 μg/mL（A：absorbance，吸光度）

$1\ A_{260}$ ssDNA = 33 μg/mL

$1\ A_{260}$ ssRNA = 40 μg/mL

$1\ A_{260}$ Oligonucleotides = 20 ~ 30 μg/mL

A_{260}/A_{280} = 1.8 ~ 2.0，比值过低，蛋白质或酚污染。

（2）DNA 质量与摩尔数间的关系

1 μg 1 000 bp DNA = 1.52 pmol

1 μg pBR322 DNA = 0.36 pmol

1 pmol 1 000 bp DNA = 0.66 μg

1 pmol pBR322 DNA = 2.8 μg

（3）DNA 分子量的计算：

寡核苷酸的分子量 = [(A×312.2) + (G×328.2) + (C×288.2) + (T×303.2) − 61.0]

1 kb dsDNA = 6.6 ×10^5 Da

1 kb ssDNA = 3.3 ×10^5 Da

1 kb RNA = 3.4 ×10^5 Da

dNTP 平均分子量 = 324.5 Da

2. 引物量的计算

（1）换算成绝对数量（pmol）：引物（pmol）= 质量（μg）×1 000 000/（长度×327）

（2）换算成质量（μg）：质量（μg）= pmol×长度×327/1 000 000

3. 质量浓度与摩尔浓度换算

mmol/L 与 mg/100 mL（mg/dL）的换算：

1 mmol/L = 1 mg/dL×10÷Mw（物质的摩尔质量）

（二）常用法医学 STR 群体资料（附表 4-1 至附表 4-5）

附表 4-1　中国南方汉族人群 15 个 STR 基因座等位基因频率分布表 ($n=5232$)

等位基因	D3S1358	TH01	D21S11	D18S51	PentaE	D5S818	D13S317	D7S820	D16S539	CSF1PO	PentaD	vWA	D8S1179	TPOX	FGA
LE	$n=5232^{×}$	$n=5234$	$n=5180$	$n=5207$	$n=5172$	$n=5230$	$n=5224$	$n=5139$	$n=5222$	$n=5212$	$n=5205$	$n=5216$	$n=5222$	$n=5224$	$n=5204$
4														<0.0001**	
5		0.0003			0.0479						0.0005			<0.0001	
6		0.1100				0.0002		0.0002			0.0012			0.0011	
7		0.2798			0.0009	0.0279	0.0027	0.0052	0.0002	0.0068	0.0121			0.5560	
8		0.0574			0.0037	0.0034	0.2959	0.1417	0.0042	0.0014	0.0624	0.0005	0.1075	
9		0.4668		0.0002	0.0093	0.0692	0.1462	0.0659	0.2584	0.0408	0.3695		0.0010		
9.1								0.0011							
9.2								0.0002							
9.3		0.0345													
10		0.0501		0.0013	0.0465	0.2099	0.1457	0.1625	0.1263	0.2378	0.1253		0.1423	0.0272	
10.1								<0.0001							
11	<0.0001	0.0010		0.0056	0.1919	0.3143	0.2310	0.3510	0.2803	0.2542	0.1156	<0.0001	0.1223	0.2866	
11.1								<0.0001							
11.3								<0.0001							
12	0.0007	<0.0002		0.0456	0.1170	0.2261	0.1423	0.2313	0.2144	0.3718	0.1591	0.0005	0.1265	0.0201	
13	0.0027			0.1697	0.0566	0.1372	0.0298	0.0355	0.1024	0.0746	0.1014	0.2720	0.1913	0.0011	0.0024
14	0.0385			0.1972	0.0836	0.0090	0.0062	0.0050	0.0130	0.0116	0.0425	0.2720	0.1665	0.0002	0.0001
15	0.3300			0.1896	0.0804	0.0010		<0.0001	0.0008	0.0009	0.0088	0.0276	0.1580		
16	0.3185			0.1353	0.0641				<0.0001		0.0012	0.1537	0.0748		0.0038
17	0.2413			0.0820	0.0676							0.2408	0.0143		0.0022
18	0.0615			0.0540	0.0672							0.1933	0.0025		0.0253
18.4					0.0001										
19	0.0061			0.0377	0.0578						<0.0001	0.0925	<0.0001		0.0629
19.2															<0.0001
19.4					0.0002										
20	0.0006			0.0307	0.0463							0.0180			0.0439
21				0.0235	0.0255						0.0003	0.0014			0.1199
21.2															0.0042

续附表 4-1

等位基因	D3S1358	TH01	D21S11	D18S51	PentaE	D5S818	D13S317	D7S820	D16S539	CSF1PO	PentaD	vWA	D8S1179	TPOX	FGA
22				0.015 0	0.014 2										0.194 5
22.2															0.004 4
23				0.007 4	0.011 0										0.202 7
23.2															0.008 8
24				0.003 7	0.005 0										0.161 7
24.2															0.009 1
25				0.001 3	0.002 4										0.093 3
25.2															0.005 1
26			0.000 1	0.000 3	0.000 6										0.040 6
26.2															0.002 1
27			0.002 0		0.000 2										0.009 1
27.2															0.000 4
28			0.050 8		<0.000 1										0.002 7
28.1															<0.000 1
28.2			0.004 7												
29			0.267 8												0.000 6
29.2			0.001 3												
30			0.257 2												
30.2			0.011 1												
30.3			0.000 4												
31			0.093 4												
31.2			0.078 9												
32			0.029 3												
32.2			0.146 5												
33			0.004 3												
33.2			0.046 5												
34			0.000 6												
34.2			0.004 6												
35.2			0.000 4												

附表 4-2 中国南方汉族人群 9 个非 CODIS STR 基因座等位基因频率分布表（n=1044）

等位基因	D18S1364 n=1 046*	D12S391 n=1 046	D13S325 n=1 049	D6S1043 n=1 044	D2S1772 n=1 019	D11S2368 n=1 050	D22-GATA198 n=1 042	D8S1132 n=1 043	D7S3048 n=1 048
9				0.001 9					
10	0.001 0		0.000 5**	0.038 8					
11	0.001 0			0.111 1					
12	0.046 4		0.000 5	0.121 2					
12.3				0.000 5					
13	0.180 7			0.130 7					
14	0.189 8			0.146 5			0.006 2		
14.3	0.000 5								
15	0.178 8	0.011 5	0.000 5	0.023 0		0.009 0	0.023 5	0.013 9	
16	0.172 1	0.008 1	0.004 3	0.002 4		0.039 0	0.107 1	0.000 4	
16.2									
17	0.044 9	0.067 9	0.009 5	0.031 0	0.006 9	0.131 9	0.159 8	0.107 9	0.011 9
17.3				0.000 5					
18	0.109 9	0.212 2	0.042 9	0.170 5	0.016 7	0.109 5	0.072 9	0.197 6	0.094 0
18.1	0.003 3			0.001 0				0.000 4	
18.2									
19	0.058 3	0.206 0	0.213 5	0.153 3	0.020 6	0.158 1	0.076 8	0.183 8	0.084 4
19.2				0.000 5					
19.3		0.001 0						0.000 4	
20	0.012 4	0.186 9	0.259 8	0.057 0	0.102 1	0.195 7	0.096 5	0.148 7	0.187 0
20.3								0.000 4	
21	0.001 0	0.124 8	0.251 2	0.009 1	0.131 5	0.213 3	0.275 4	0.134 3	0.139 3
21.3				0.000 5					
22		0.088 0	0.145 4		0.090 8	0.095 2	0.146 8	0.110 7	0.096 4
23		0.061 2	0.047 2		0.012 8	0.033 3	0.027 8	0.075 7	0.138 4
24		0.018 6	0.022 4		0.292 4	0.012 9	0.007 2	0.017 7	0.143 6
25		0.010 5	0.001 4		0.052 0	0.001 0		0.008 1	0.074 4
26		0.002 4	0.000 5		0.034 3	0.000 5			0.025 8
27		0.001 0	0.000 5		0.131 5				0.004 8
28					0.085 9				
29					0.019 1	0.000 5			
30					0.002 5				
31					0.001 0				

附表4-3 中国南方汉族216名男性22个Y-STRs等位基因频和基因多样数值表（$n=216$男性）

等位基因	DYS19	DYS389I	DYS389II	DYS390	DYS391	DYS392	DYS393	DYS437	DYS438	DYS439	单倍型	DYS385a/b
7											10-12	0.009 2
8									0.004 6		11-11	0.018 5
9					0.023 1	0.004 6			0.027 8		11-12	0.041 7
10					0.777 8	0.004 6			0.689 8	0.032 4	11-13	0.004 6
11		0.009 2			0.185 2	0.055 6	0.009 2		0.254 6	0.351 9	11-14	0.004 6
12	0.004 6	0.611 1			0.013 9	0.069 4	0.615 7		0.023 1	0.439 8	11-16	0.004 6
13	0.023 1	0.310 2				0.421 3	0.208 3			0.129 6	11-17	0.009 2
14	0.347 2	0.069 4				0.391 5	0.125 0	0.018 5		0.037 0	11-18	0.013 9
15	0.421 3					0.050 9	0.041 7	0.504 6		0.009 2	11-19	0.009 2
16	0.162 0							0.463 0			11-20	0.004 6
17	0.041 7							0.013 9			11-21	0.009 2
18											12-12	0.013 9
19											12-13	0.027 8
20				0.004 6							12-14	0.009 2
21				0.092 6							12-15	0.018 5
22				0.388 9							12-16	0.023 1
23				0.361 1							12-17	0.023 1
24				0.152 8							12-18	0.088
25											12-19	0.074 1
26			0.004 6								12-20	0.018 5
27			0.064 8								12-21	0.009 2
28			0.393 5								13-13	0.074 1
29			0.217 6								13-14	0.027 8
30			0.259 2								13-16	0.009 2
31			0.060 2								13-17	0.069 4

续附表 4-3

等位基因	DYS461	DYS481	DYS504	DYS505	DYS508	DYS533	DYS576	DYS588	DYS607	DYS634	DYS643	单倍型	DYS385a/b
7												13-18	0.055 6
8										0.106 5	0.004 6	13-19	0.027 8
9	0.013 9 0									0.810 2	0.041 7	13-20	0.046 3
10	0.037 0			0.013 9	0.032 4					0.055 6	0.189 8	13-21	0.018 5
11	0.111 1			0.018 5	0.101 9	0.088 0				0.027 7	0.592 6	13-22	0.004 6
12	0.680 6		0.018 5	0.185 2	0.625 0	0.564 8					0.148 1	13-23	0.004 6
13	0.143 5		0.074 1	0.475 9	0.088 0	0.310 2					0.023 1	14-17	0.009 2
14	0.013 9		0.097 2	0.245 4	0.106 5	0.037 0		0.018 5	0.018 5			14-18	0.050 9
15			0.213 0	0.050 9	0.032 4		0.018 5	0.773 1	0.148 1			14-19	0.018 5
16			0.162 0	0.004 6	0.013 9		0.092 6	0.106 5	0.171 3			14-20	0.018 5
17			0.398 1	0.004 6			0.231 5	0.037 0	0.532 4			15-16	0.004 6
18			0.037 0				0.347 2	0.027 8	0.092 6			15-17	0.004 6
19							0.208 3	0.018 5	0.037 0			15-18	0.037 0
20		0.004 6					0.0833	0.013 9				15-19	0.037 0
21		0.050 9					0.0185	0.0046				15-20	0.004 6
22		0.129 7										16-18	0.009 2
23		0.351 9										16-19	0.004 6
24		0.185 2										16-20	0.004 6
25		0.138 9										16-21	0.004 6
26		0.050 9										17-18	0.004 6
27		0.050 9										17-20	0.004 6
28		0.013 9										18-22	0.004 6
29		0.018 5										19-21	0.004 6
30		0.004 6											
31													

附表 4－4 中国南方汉族人群 16 个 X-STR 基因座等位基因频率分布表 (n=200)

等位基因	DXS9902	HPRTB	DXS981	DXS6809	DXS101	DXS6807	DXS8378	DXS6803	DXS7132	GATA165B12	GATA31E08	DXS7133	GATA172D05	DXS6810	DXS6795	DXS7423
6												0.003 8				
7	0.003 8												0.197 0			
8							0.003 8				0.056 8	0.719 7	0.117 4			
9	0.022 7					0.007 6	0.018 9			0.234 8	0.056 8	0.223 5	0.382 6			
10	0.462 1	0.003 8				0.174 2	0.549 2			0.541 7	0.181 8	0.049 2	0.212 1			
11	0.340 9	0.045 5	0.003 8		0.443 2	0.212 1	0.549 2	0.008 0		0.159 1	0.250 0	0.003 8				
11.3																
12	0.166 7	0.272 7	0.018 9			0.011 4	0.314 4	0.079 5		0.056 8	0.348 5				0.041 7	
12.3			0.102 3				0.056 8									
13	0.003 8	0.439 4	0.178 0			0.007 6	0.003 8	0.026 5			0.090 9				0.178 0	
13.3			0.151 5					0.003 8								
14		0.170 5	0.314 4				0.003 8	0.003 8	0.344 7		0.015 2				0.303 0	
14.3			0.056 8													
15		0.064 4	0.140 2						0.257 6						0.045 5	
15.3			0.030 3													
16		0.003 8	0.003 8						0.049 2					0.003 8	0.416 7	0.022 7
17									0.011 4					0.132 6	0.015 2	
18					0.003 8				0.003 8					0.575 8		
19														0.280 3		
20				0.015 2	0.015 2									0.007 6		
21				0.018 9	0.026 5											
22				0.193 2	0.030 3											
23				0.109 8	0.166 7											
24				0.227 3	0.325 8											
25					0.159 1											
26					0.181 8											
27				0.053 0												
28				0.018 9												
29				0.003 8	0.003 8											
30				0.018 9	0.007 6											
31				0.193 2	0.003 0											
32				0.109 8	0.003 8											
33				0.227 3												
34				0.234 8												
35				0.098 5												
36				0.083 3												
37				0.018 9												

附表 4-5 中国南方汉族人群 19 个 STR 基因座等位基因频率分布表 ($n=1050$)

等位基因	D19S433	D5S818	D21S11	D18S51	D6S1043	D3S1358	D13S317	D7S820	D16S539
5									
6					0.047 9				
7		0.029 7					0.002 6	0.006 5	
8		0.004 7			0.000 9		0.304 0	0.148 1	0.003 9
9	0.000 4	0.061 2			0.002 6		0.132 2	0.060 3	0.243 8
9.1								0.006 0	
9.2								0.002 2	
9.3									
10		0.217 1		0.002 2	0.034 9		0.149 4	0.149 4	0.132 2
10.1								0.001 3	
11	0.001 7	0.304 9		0.002 6	0.126 6		0.225 7	0.372 1	0.276 1
12	0.041 8	0.227 4		0.048 2	0.133 9	0.002 6	0.139 1	0.216 6	0.228 3
12.2	0.003 0								
12.3					0.001 7				
13	0.274 3	0.140 4		0.166 7	0.142 1		0.040 1	0.035 7	0.099 1
13.2	0.040 1					0.034 9			
14	0.242 9	0.013 8		0.189 9	0.140 4		0.006 5	0.001 7	0.015 5
14.2	0.102 5					0.126 6			
15	0.075 4	0.000 9		0.198 1	0.018 1	0.133 9	0.000 4		0.001 3
15.2	0.157 6								
16	0.017 2			0.148 6	0.003 9	0.001 7			
16.2	0.037 5					0.142 1			
17	0.001 3			0.078 4	0.034 5				
17.2	0.003 9					0.140 4			
17.3					0.000 9				
17.4						0.018 1			
18				0.046 1	0.155 9				
18.2	0.000 4				0.000 4	0.003 9			
18.3									
18.4						0.034 5			
19				0.037 0	0.137 8				
19.4						0.000 9			
20				0.023 7	0.053 8				
20.2									
20.3					0.002 6				
20.4									
21				0.028 0	0.007 3				
21.2									
21.3					0.001 7				
22				0.019 4					
22.2									
22.3					0.000 9				
23				0.006 0					
23.2									
24				0.003 9					
24.2									
25				0.000 9					
25.2									
26				0.000 4					
26.2									
27			0.002 6						
27.2									
28			0.053 0						
28.2			0.004 3						
29			0.270 5						
29.2			0.001 3						
30			0.263 6						
30.2			0.006 5						
30.3			0.003 4						
31			0.081 0						
31.2			0.068 5						
32			0.028 0						
32.2			0.159 3						
33			0.005 2						
33.2			0.048 7						
34			0.001 3						
34.2			0.002 6						
35.2			0.000 4						

续附表 4-5

等位基因	CSF1PO	PENTAD	VWA	D8S1179	TPOX	PENTAE	TH01	D12S391	D2S1338	FGA
5						0.040 9				
6		0.002 6					0.111 5			
7	0.008 2	0.011 2			0.000 9	0.000 9	0.282 5			
8	0.001 3	0.062 4		0.000 4	0.545 2	0.002 2	0.058 6			
9	0.043 5	0.379 4			0.117 6	0.014 2	0.451 3			
9.1										
9.2										
9.3							0.036 6			
10	0.230 8	0.131 4		0.144 3	0.028 4	0.050 4	0.056 8			
10.1										
11	0.250 6	0.119 3		0.123 2	0.287 7	0.185 2	0.002 2			
12	0.372 5	0.145 6	0.000 4	0.123 6	0.019 4	0.119 7	0.000 4			
12.2										
12.3										
13	0.081 0	0.098 6	0.000 9	0.205 9		0.057 3				
13.2										
14	0.009 9	0.040 5	0.276 1	0.160 6		0.084 4				
14.2										
15	0.002 2	0.007 8	0.022 8	0.156 8		0.067 6		0.015 9		
15.2										
16		0.001 3	0.164 9	0.069 3		0.065 5		0.006 9	0.018 9	0.003 4
16.2										
17		<0.000 1	0.217 1	0.012 5		0.065 9		0.065 9	0.071 9	0.001 7
17.2										
17.3										
17.4						0.000 4				
18		0.000 3	0.214 5	0.003 4		0.076 2		0.206 7	0.097 8	0.025 8
18.2										
18.3								0.000 9		
18.4						0.002 6				
19			0.086 6			0.056 8		0.204 1	0.205 4	0.054 3
19.4						0.001 7				
20			0.014 6			0.042 2		0.179 6	0.108 1	0.049 1
20.2										0.000 4
20.3										
20.4						0.000 4				
21			0.001 7			0.028 0		0.125 8	0.032 7	0.129 6
21.2										0.005 6
21.3										
22						0.015 5		0.099 1	0.045 2	0.189 1
22.2										0.004 3
22.3										
23						0.0121		0.050 0	0.186 5	0.191 2
23.2										0.010 3
24						0.007 8		0.031 4	0.159 8	0.170 1
24.2										0.009 5
25			0.000 4			0.001 3		0.011 6	0.064 2	0.088 7
25.2										0.003 4
26								0.002 2	0.009 0	0.049 1
26.2										0.000 4
27						0.000 4				0.010 3
27.2										0.001 3
28										0.001 7
28.2										
29									0.000 4	
29.2										
30										0.000 4
30.2										
30.3										
31										
31.2										
32										
32.2										
33										
33.2										
34										
34.2										
35.2										

附录五 实验报告（格式）

实验×× （实验名称）

实验原理：

试剂与主要仪器：

操作：

法医物证学实验手册

注意事项：

结果报告：

实验小结：

参 考 文 献

[1] 童大跃,刘超. 新编法医物证学检验技术 [M]. 北京:中国医药科技出版社,2013.
[2] 伍新尧. 高级法医学 [M]. 2版. 北京:郑州大学出版社,2011.
[3] 伍新尧. 法医物证学实验指导 [M]. 北京:人民卫生出版社,2007.
[4] 侯一平. 法医物证学 [M]. 3版. 北京:人民卫生出版社,2009.
[5] 中国合格评定国家认可委员会. CNAS-CL28:2010 检测和校准实验室能力认可准则在法医物证 DNA 检测领域的应用说明.
[6] 中国国家标准化管理委员会. 实验室生物安全通用要求(GB19489—2008).
[7] 司法部司法鉴定管理局. 亲权司法鉴定技术规范(SF/Z JD0105001—2010).
[8] 公安部. 法庭科学 DNA 实验室检验规范(GA/T383—2002).
[9] 公安部. 法庭科学 DNA 实验室规范(GA/T382—2002).
[10] 公安部. 法庭科学人类荧光标记 STR 复合扩增检测试剂质量基本要求(GA815—2009).
[11] 中国合格评定国家认可委员会. CNAS-CL01 检测和校准实验室能力认可准则(ISO/IEC17025:2005).
[12] 李莉,赵书民,张素华,等. X 染色体上 16 个 STR 基因座的分型检测和多态性分析 [J]. 法医学杂志,2012,28(1):36-43.
[13] Tong D Y, Sun H Y, Gao F, et al. Polymorphism analysis of 15 STR loci in A large sample of the Han Population in Southern China [J]. Forensic Science International: Genetics, 2009, 4: e27-29. http://dx.doi.org/10.1016/j.fsigen.2009.01,015.
[14] Tong D Y, Wu X Y, Sun H Y, et al. Polymorphism analysis and evaluation of nine non-CODIS STR loci in the Han population of Southern China [J]. Ann Hum Biol. 2010; 37: 820-826. doi: 10.3109/0301446100 3660096.
[15] Tong Dayue, Chen Yong, Ou Xueling, et al. Polymorphism analysis and evaluation of 19 STR loci in the Han population of Southern China [J]. Annals of Human Biology, 2013, 40(2): 191-196. doi: 10.3109/03014460.2012.750685.
[16] Shi Meisen, Bai Rufeng, Yu Xiaojun, et al. Haplotype diversity of 22 Y-chromosomal STRs in a southeast China population sample (Chaoshan area) [J]. Forensic Science International: Genetics, 2009, 3: e45-e47。
[17] 叶健,季安全,郑秀芬,等. 陈旧性骨骼 DNA 提取技术的研究 [J]. 中国法医学杂志,2001,16(s1):8-11.
[18] 陆惠玲,杨庆恩,侯一平. 双亲皆疑亲子鉴定 STR 分型亲权指数计算方法探讨 [J]. 中国法医学杂志,2001,16(4):210-213.
[19] 孙宏钰,欧宁峰,陆惠玲,等. 中国广东汉族群体 mtDNA 控制区的多态性 [J]. 中国法医学杂志,2004,19(6):334-339.
[20] 杨电,刘超,徐曲毅,等. 人体接触检材前处理方式对磁珠法提取 DNA 效果的影响 [J]. 中国法医学杂志,2011,26(5):393-396.

[21] 贾东涛,韩海军,张玉红,等. 陈旧骨骼 DNA 提取方法的应用研究 [J]. 中国法医学杂志,2007,(4) 22:260-261.

[22] 刘超,冯冬亮,刘长晖,等. DNA 数据库建设中批量样本直接扩增检验法的应用 [J]. 中国法医学杂志,2010,25(2):79-81.